感情をコントロールする技術

未来を切り拓く50の視点

岩隈久志

HISASHI IWAKUMA

NO.18 PITCHER

SEATTLE MARINERS

PLAY BACK MLB 2012 SEASON

写真：アフロ

アリゾナのスプリングキャンプで、野球人生初の「18」番を披露

写真：AP/アフロ

7月30日のブルージェイズ戦で13三振を奪い、先発として初勝利

5月7日、タイガース戦に登板。中継ぎとして、3試合目

写真：AP/アフロ

写真：日刊スポーツ/アフロ

ヤンキースに移籍したイチロー選手と対決。
川崎選手がショートを守り、日本人選手3人の競演

写真：AP/アフロ

9月2日、エンゼルス戦で、見事6勝目を挙げ、ガッツポーズ

9月27日、敵地エンゼル・スタジアムで6回を投げ2失点、8勝目を挙げる

写真：AP/アフロ

2012年、シーズン最終登板となったエンゼルス戦で。
6回、7奪三振で、9勝目をあげ、有終の美を飾る

写真：AP/アフロ

まえがき

感情に左右されない自分をつくる

「シアトル・マリナーズ所属　ピッチャー　背番号18」

これが、今の僕をあらわす肩書きです。

メジャーリーグベースボール（ＭＬＢ）という未知の領域に挑んだ２０１２年。スプリングキャンプを含め、わずか9ヵ月の間に、これまで経験したことのないさまざまな出来事がありました。

マリナーズの一員としてシーズンを戦い抜き、ふと気づかされたこと、あらためて「大切だな」と感じたことがたくさんあります。

そして、そのほとんどが技術的、体力的なことよりも、精神的なことです。

メジャーの世界にはじめて足を踏み入れた２０１２年は「メンタル」の重要性をあらためて思い知らされた1年だったと言ってもよいでしょう。

日本のプロ野球でプレーしている頃、技術、身体能力とも、とても素晴らしいものを持っているのに、気持ちが弱かったり、悲観的だったりするせいで、その実力を発揮できずにいる選手をたくさん見てきました。

プロの野球の世界に限らず、一般社会においても、現代の厳しい時代を生き抜いていくためにはメンタルのコントロールが重要なのは言うまでもありません。

メンタルの浮き沈みは、自身のパフォーマンスに多大な影響を及ぼします。

いい結果を残すためにはメンタルの浮き沈み、感情の起伏をできるだけ抑え、勝っても負けても、あるいは成功しても失敗しても、そこで必要以上に一喜一憂することなく、目の前で起こったことから、自分の成長につながる何かを学んでいく姿勢が、何よりも大切なはずです。

東北楽天ゴールデンイーグルスにいた頃は、若手の選手から相談を受けることも度々ありました。

質問や相談のほとんどは体力的、技術的な問題ではなく、メンタルに関することだったように記憶しています。

相談してきた内容が技術的なことだとしても、その問題を紐解いていくと、最終的に行きつく先はメンタルに原因があったということも多いです。

若手にメンタルの重要性を説いているとき、僕は上から目線にだけはならないように気をつけていました。

僕もまだ成長過程の人間です。上からものを言える立場の人間ではないし、若手と同じ目線になることであらためて見えてくるものもあります。それに、慢心からは何も生まれません。

若手からの相談を受けながら感じていたことは「〝伝える〟ということは本当に難しい」ということ。

言葉では理解できても、土に水が染み込んでいくように物事を理解するためには、何よりも本人がそのことに「気づく」ことが必要だからです。

本書で僕は「誰かに何かを教えよう」とは思わないし、「僕の力で誰かを変えよう」などと大層なことも考えていません。

メジャー・リーグという新しい世界を経験し、僕自身がいろんなことに気づけたように、本書がみなさんの「気づき」のきっかけになれば、著者としてこれほど嬉しいことはありません。

岩隈久志

第1章　心を安定させ、何事にも動じない

第２章

固定観念を捨て、変化を受け入れる

第３章

信頼と自信をつかみとるための心がまえ

第4章

観察し、考え、感じることで、不安は消える

第5章

使命感を持つことが、人を成長させる

第1章

心を安定させ、何事にも動じない

「自信」こそが人を成長させ、成長することで、はじめて「挑戦」できる

僕は子どもの頃、西武ライオンズ球場の近くにある東大和市に住んでいたこともあり、根っからのライオンズ・ファンでした。

僕にとっての少年時代のヒーローといえば、渡辺久信さん、工藤公康さん、秋山幸二さん、清原和博さんといった西武の黄金期を彩った選手たちです。

今のように衛星放送もケーブルテレビもなかった時代だったので、「野球」といえば「プロ野球」が当たり前であり、「メジャー・リーグ」への憧れなどはまったくありませんでした。

そして、それは高校からプロへ入ってからも変わりません。

そんな僕がなぜ「メジャーに行きたい」と思うようになったのか。

それはやはり、２００９年に日本代表として参加したＷＢＣ（ワールド・ベースボール・クラシック）の影響が大きいです。

ＷＢＣという大舞台でマウンドに立ち、世界トップクラスのバッターと戦うなかで、僕は

野球をはじめたばかりの頃の〝初心〟に帰ることができました。

相手に立ち向かい、自分の持てる技術と力を結集し、相手をねじ伏せていく。WBCのマウンドで投げたことがきっかけとなり、僕のなかで眠っていた〝闘志〟に再び火が点きました。

この大会で僕は松坂(大輔)さん、ダルビッシュ(有)とともに先発の三本柱を任され、決勝戦を含む4試合に登板しました。

それぞれの試合で好投できたことは僕にとって大きな自信となり、アメリカの球場が持つ独特の雰囲気にも魅了されました。

「こんなところで、もっとプレーしたい」

そのとき、素直にそう感じたのです。


WBCでは先発だけでなく中継ぎもこなしました。「行け」と言われれば、どこでも全力で投げ抜く覚悟でした。もちろん、そういった覚悟を持って戦っていたのは僕だけではなかったはずです。

日本代表に選ばれた選手全員が、「チームのため」「日本のため」に戦っていました。あの独特の緊張感は、日本代表に選ばれた者しか味わえないものだと思います。

国際的な舞台という意味では、僕は2004年に開催されたアテネ五輪でも日本代表として、日の丸を背負って戦ったことがあります。

はじめての日本代表ということで、このときの緊張感、プレッシャーも相当なものでした。僕は持てる力の半分も発揮できず、チームに貢献することもできませんでした。

そのときの悔しさもあって、２００９年のＷＢＣは「今度こそ」というリベンジの思いが強かったのです。

ＷＢＣという大舞台で結果を残せたことは僕にとって大きな自信となりました。だからこそ僕はそこで満足することができませんでした。

逆に「もっと高いレベルで戦ってみたい」という思いが自分のなかで日々、大きくなっていったのです。

僕は「無謀な挑戦」ということはしません。

「挑戦する」ということは、確固たる自信があって、はじめてできることだと思っています。

それは決して「安全策」「慎重を期す」などという次元の話ではなく、そうでなければ、本当の意味での自分の実力を発揮できないと思っているからです。

「自分ではコントロールできないこと」を考え込んでもしようがない

2010年のシーズン終了後、僕はポスティングシステムを利用し、メジャー・リーグに挑戦することを決めました。

WBCで結果を残せたこともあり、「きっと手を挙げてくれる球団はあるはずだ」と思っていましたが、実際にメジャー挑戦を表明したあとは「もし、入札してくれる球団がなかったら……」という不安も胸を過《よぎ》りました。

しかし、そんな不安は杞憂に終わり、オークランド・アスレチックスが交渉権を獲得（※後日、入札に参加したのは、アスレチックスとミネソタ・ツインズだったことが楽天イーグルスより発表された）、代理人を通じての交渉が、そこからはじまりました。

落札してくれた球団があったからといって、そこで安心してはいられません。言ってみれば、ここからが本当の意味での〝スタート〟となります。

案の定と言うべきか、ホッとする間もなく、僕はこのときにはじめてメジャーの洗礼を受けることになりました。

〝メジャーの洗礼〟というよりは、米国流交渉術の一端を垣間見たと言ったほうがいいかもしれません。

「文化の違い」と表現してしまえばそれまでですが、アスレチックスの交渉術は、僕が思い描いていた「交渉」とはあまりにも違い、一方的なように感じました。

僕の受けた印象をひと言で説明するなら「この条件を呑まないなら契約はしません」というスタンス。

詳しいことを書くことはできませんが、彼らから「岩隈が欲しい」という強い思いが感じられなかったのが、何より寂しかったです。

メジャー挑戦を表明したとき、僕はどんな条件提示であれ「岩隈が必要だ」と言ってくれる球団に行くつもりでした。僕にとって契約金の額は二の次、三の次の問題でした。

ところが、アスレチックスの条件提示、交渉の進め方からは、僕をどうしても必要としているようには感じられませんでした。

その後はみなさんもご存じのように、交渉は難航する間もなく、1週間ほどで破談となったのです。

当時、一部のマスコミでは「岩隈が高年俸を吹っ掛けたから破談になった」と報道しているようなところもありましたが、実際にこちら側からアスレチックスサイドに何かを要求することはほとんどありませんでした。そんな暇もないくらいの、本当にあっという間の交渉期間だったのです。


それまでも、一部のマスコミにひと言も言っていないこと、やっていないことを取りあげられたことが度々ありました。

プロ野球選手のなかには、マスコミの流す情報に振りまわされてしまう人もいますが、僕はまったく気にしない質《たち》です。

元々スポーツ新聞などはあまり読むほうではないし、何か間違った情報を書かれていたとしても「また書いてあるな」くらいにしか感じません。

鈍感といえば鈍感なのかもしれませんが、僕がマスコミの誤報に左右されないのは、それが「自分の制御できないこと」だと割り切っているからです。

人生にはさまざまな障害や壁といったものがあらわれますが、その障害や壁は「自分でコントロールできること」と「自分ではコントロールできないこと」のふたつにわけられると思います。

「自分ではコントロールできないこと」は、自分がいくら頑張ったり、努力したりしてもどうにかできる問題ではありません。

そんなことでクヨクヨ悩んでも何も解決しませんし、そんなことにとらわれるのは単なる時間の浪費にすぎないのです。

これは、アスレチックスとの交渉破談の話にも通じます。

交渉が決裂したことは残念でしたが、正直、僕にはどうすることもできませんでした。

交渉はすべて代理人に任せていましたし、アスレチックスのスタンスも一貫していたので、僕は経過を見届けるしかありませんでした。ですから、残念だなとは思いましたけど、このことを引きずったり、愚痴をこぼしたりということはなかったです。


他人の言うこと、評判などを、いちいち気にする人は僕のまわりにもいますが、僕はそんな人たちに対して「言いたい人には、言わせておけばいいんだよ」と言葉をかけてあげたいです。

誰かの流した間違った情報を鵜呑みにし、自分のことを誤解している人がいたとしても、それは「自分ではコントロールできないこと」です。

だったらそんな誤報に右往左往することなく、自分という〝芯〟をしっかり持って生きていけばいいのです。

自分さえしっかりしていれば、誤報によって生じた誤解もいつか必ず解けます。

もし、いつまでもその誤報を信じているような人がいたとしたら、それこそ、「そんな人間はこちらから見限ってやる」ぐらいの気持ちでいればいいのだと思います。

自分の「経験」こそが、唯一の決断条件になる

ポスティング制度を利用してのメジャー挑戦はかなわなかったものの、そこで考え込むことなく「楽天イーグルスのために戦っていこう」というふうに気持ちの切り替えはすぐにできました。

万全を期して臨んだ2011年のシーズンでしたが、5月に右肩を痛め、長期離脱することになってしまいました。

復帰してからも自分らしい投球がなかなかできず、もどかしさが募るばかりでした。

しかし、これまで自分が野球をしてこられたのは、どんな状況にあろうとも「今、自分のできることを精一杯やり続けてきた」からです。

悪い状況にあるときこそ、その人の持っている真の力が試される。

そう思って、本調子とはほど遠い状況のなかで僕は投げ続けてきました。

シーズンをとおしての成績は6勝7敗。自分の目指している数字には遠く及ばず、チーム

やファンのみなさんの期待にも応えることができませんでした。

しかし、悪いなりにもシーズンの最後まで投げ続けることができたのは、長年のプロ生活で「自分に負けない」術を身につけられたからだと思います。

２０１１年のシーズンが終われば海外ＦＡ（フリーエージェント）権を取得できる。

それはシーズン前からわかっていました。でも僕は新シーズンに挑む前、「楽天イーグルスで戦う」ことを選んだので、そのときはメジャーへの思いは封印していました。

シーズンに入る前に僕が思っていたのは「このシーズンを終え、オフになったときにまだ〝メジャーへの思い〟が自分のなかにあるのか？」ということでした。

シーズンを終えたときに自分のなかにまだ、〝メジャーへの思い〟があれば、その気持ちに素直に従おう。そう思っていました。

そして、シーズン終了後に自分のなかにあったのは、純粋に「メジャーに行きたい」という気持ちでした。僕は海外ＦＡ権を行使し、メジャー移籍を目指すことにしたのです。

幸いにも複数のメジャー球団からオファーがあり、僕はそのなかからマリナーズを選択しました。

マリナーズを選択した理由はいくつかあります。ただ、ポスティングで移籍を目指した際にもそうだったように、僕は金銭にはまったくこだわっていませんでした。

こだわっていたのは「自分をどれだけ必要としてくれているか」ということ。その点、マリナーズは一番の誠意を示してくれました。

さらに、メジャーに移籍するとなれば自分だけでなく、家族の住環境も大きく変わることになります。まだ幼い3人の子を持つ親としては、移籍する都市の住環境もとても気になるところでした。その点でも、シアトルという街は自分たちにもっとも合っていると感じたのです。

当時のマリナーズにはイチローさんがいて、川崎（宗則）が入団することも知っていました。ふたりの存在も僕にとってはとても心強いものでした。複数球団の話を聞いたうえで、僕は家族と話し合い、マリナーズと契約することに決めました。

実はマリナーズ入りを決断するうえで、家族以外の誰かに相談をしたことはありませんでした。

「イチロー選手や川崎選手に相談したんですか？」とよく聞かれたりしますが、事前にふたりと話すことはせず、マリナーズ入りが決まってから連絡を入れたくらいです。

僕にとって、人から聞いた話は、物事の決断条件にはなりえません。

もちろん貴重な情報としてありがたく聞かせていただきますが、それを丸々鵜呑みにするようなことは絶対にありません。

そのことを、僕はプロ野球界を生き抜くなかで学んできました。

先輩や指導者からの意見はもちろん参考になります。しかし、そのあとに物事を決断するのも実行するのも、結局は自分自身です。

他人の言うことを鵜呑みにし、その結果、間違いや失敗を犯せば悔いが残りますが、自分で決断し、失敗したのなら「しょうがない」とあきらめがつきますし、次への切り替えも早くでき、なおかつその失敗から学んだものは人生を生きるうえでの「知恵」となります。

メジャーへの移籍も、WBCにおける自分の経験から考えて、「アメリカの野球で勝負してみたい」「結果を出す自信がある」という答えに達し、一歩を踏み出しました。

マリナーズへの入団を決めたのも、「岩隈久志という選手と家族」のことを考えた結果です。

どちらも、自分のなかから自然に出てきた答えでした。

そういう意味で、自分の経験こそが、唯一の決断の条件になるのだと思います。

メジャーへ進む道を決断したことが正しかったのか、それとも間違っていたのか。それはまだ僕にもわかりません。

でも何年か経ち、僕がどんな状況にあったとしても、メジャーへ進む決断をしたことを後悔はしないだろうと思います。

メジャー1年目を終え2年目を迎えた今、それだけは断言できます。

不安は放っておくから大きくなる

2012年、マリナーズのメンバーとして迎えたメジャー1年目。詳しくはあとで述べますが、開幕後は先発ローテーションに入れず、プロ生活ではじめての「中継ぎ」も経験しました。

この中継ぎの経験が、のちに大いに役立つことになるわけですが、中継ぎをしている最中は「本当に自分はメジャーでやっていけるのだろうか?」と不安ばかりが頭を過り、まさに暗中模索の状態でした。

その後、7月から先発を任されるようになり、後半戦からはローテーション入りも果たしました。その結果、先発として16試合に登板し、8勝4敗の成績を残すことができたのです。シーズン後の11月に契約を2年延長することができたのも、後半戦のプレーを球団が評価してくれたからだと思います。

メジャーで迎えたはじめてのシーズンは、決して満足のいく内容ではなかったですが、結果的に見れば上出来だったように思います。

チームメイトにもめぐまれ、監督やコーチも僕のことを理解しようと努めてくれました。今思えば、シーズン中盤まで中継ぎに起用されたのも、僕が早くメジャーの文化に慣れるよう配慮してくれてのことだったのかもしれません。

シーズンを終えた際、僕は心の底から「マリナーズを選んでよかった」と思いました。だから契約延長の申し出があったときも、悩むことはまったくありませんでした。

数字だけ見れば順調にも見えるメジャー1年目でしたが、キャンプインを前にアメリカに居を移したばかりの頃は、1年目からこのような結果が出せるとは思っていませんでした。野球においても、生活においても、不安だらけだったのです。

一番の不安はなんといっても「言葉」でした。また、メジャーのベンチで話されるのは英語だけではありません。

エースのフェリックス・ヘルナンデスとキャッチャーのヘスス・モンテーロ、ミーゲル・オリボ（ともにベネズエラ出身）など、メジャーには中南米からやってきたヒスパニック系の選手も多く、ベンチではスペイン語も飛び交っています。

スペイン語もある程度は覚えたいと思ってはいますが、何はともあれ、まず修得しなければならないのは「英語」です。

アメリカに移住して1年経った今、相手が何を言っているかぐらいは大体わかるようになってきましたが、自分の思っていることをそのまま伝えられるレベルにはまだ至っていません。

「まずは英語を話せるようになる」

投球のレベルアップを果たすのはもちろんですが、メジャー2年目へ向け、英語の修得も僕にとっての大きな課題となっています。

ただ、メジャーで1年を過ごし、「片言の英語でも意思疎通はできる」とも感じています。

チームメイトは拙い英語しか話せない僕を理解しようと努めてくれました。

チームメイトは僕を温かく迎えてくれただけでなく、積極的にコミュニケーションをとろうとしてくれたのです。

僕はそのことにとても感謝していますし、マリナーズとの契約を延長したのもそんなチームカラーが自分にとても合っていると感じたからにほかなりません。

不安というものは、放っておけばむくむくと大きくなっていきます。しかし、目の前の不安から逃げずにひとつひとつ対処していけば、その不安は少しずつ小さくすることができます。

冷静に考えれば、当たり前のことだと気づけるかもしれませんが、難しい状況下にいると、なかなかその事実に気づけないこともあります。

まずは、その場から逃げ出さずに不安と向き合うことから意識してほしいと思います。

最悪から立ち直るためには、「ひとつずつ」を意識する

僕がメジャー・リーグのマウンドにはじめて登ったのは、4月20日、地元シアトル、セーフコ・フィールドでのシカゴ・ホワイトソックス戦の中継ぎとしてでした。

以降、中継ぎとして4試合に登板するものの、3本の本塁打を打たれました。

日本時代も通じて、4試合で3本ものホームランを打たれたことは記憶にありません。

「メジャー・リーグのバッターは、少しでも甘いボールを投げれば、軽く持っていかれる」

これがメジャー・リーグの世界で感じた僕の第一印象でした。

メジャー・リーガーは日本人とは体格も違えば、パワーも桁外れに違います。コースを狙った投球がちょっとでも甘く入れば柵越えとなるのです。

マウンド上で実際に対戦してみて、彼らはいとも簡単にホームランを放つことを実感しました。

「ホームランを狙いにいった」というよりも「振って〝ポン〟と当たったら柵越えだった」。

打たれた側からしてみれば、そんな感覚です。

日本ではバッターを追い込んだ際、高めのストレートで三振を狙いにいくことがありますが、メジャーではそれが通用しません。

「高めは厳禁」

これがルーキーイヤーに学んだ最初のセオリーでした。


このようにシーズン序盤は、登板する度にホームランを打たれていました。でも悩みはしても、不思議と落ち込むようなことはありませんでした。

それよりも「いつホームランを打たれなくなるかな」と、自分自身に挑戦する気持ちのほうが強かったのです。

ボールやマウンド、さらにキャッチャーの違いなどに対応しつつ、ホームランもフォアボールも減らさなければいけません。

しかしそうはいっても、すべてを一遍に解決することなど不可能です。

千里の道も一歩から。

まずはひとつずつ克服することに僕は努めました。

「ひとつずつ課題を減らしていこう」

そんな思いで毎日を戦っていたのです。

序盤の4試合で3本塁打を浴びてからは、とにかく日本にいたとき以上にていねいに低めを突く投球を心がけました。

審判によって、同じ低めでもストライク、ボールの判定は微妙に異なります。低めを突く投球を続けながら、メジャーの審判の傾向もつかまなければなりません。

やらなければならないことは山積していましたが、そこで焦ってしまったらきっとメジャー1年目は散々たる結果に終わっていたはずです。

シーズン後半に先発としてローテーション入りし、8勝を挙げられたのは焦らずにひとつひとつをクリアしてきた結果なのです。

困難な状況にあるときこそ、課題に優先順位をつけてひとつずつクリアしていく。状況が一変することなど、そうそうありません。

一見遠まわりに思えるかもしれませんが、結局はそれが山積した問題をクリアするためのもっとも効率的な方法、いわば近道なのだと思います。

「明日」から逃げることはできないのだから、未来の不安にジタバタしない

メジャー流のスプリングキャンプの過ごし方をまったく知らなかった僕は、基本的に日本時代とほとんど同じペースで調整を行っていました。

日本では、たとえオープン戦で打たれてもあまり気にすることはありませんでした。あくまでも調整の一環としてとらえ、すべての照準を開幕に合わせて心身のコンディションを上げていました。

しかし、メジャーのキャンプの意味合いは日本とはだいぶ異なっていました。メジャーではオープン戦でも結果が求められていたのです。

そのことに気づかず、日本流の調整を行っていた僕はある日、オープン戦が終わったあとに監督室に呼ばれ、エリック・ウェッジ監督からこう告げられました。

「シーズンに入ったら、最初は『ロングマン』でいく」

ロングマンとは中継ぎの一種で、先発が早いイニングで打ち込まれたときなどに登板するロングリリーフのことです。日本では〝敗戦処理〟という意味でとらえられることもあります。そのときはじめて、メジャーではオープン戦から結果が求められることを知りました。

しかし考えてみれば当たり前です。僕はメジャーリーグでなんの実績もありません。日本ではある程度の成績を収めていたかもしれませんが、メジャーの人たち全員にとって、僕はただのルーキーにすぎないのです。

いちルーキーである僕が、スプリングキャンプでなすべきことは、オープン戦で絶対的な結果を残し、スタッフやチームメイトから信頼を勝ち取ることでした。

でも僕はそれができなかったし、そこまで考えていなかったのです。

先発ではなく、敗戦処理という役割を担わされるのも当然のことでした。

楽天イーグルスの一員として戦った前年の２０１１年のシーズン中、僕は右肩を痛めて戦線を離脱している時期がありました。

その事実はウェッジ監督の耳にももちろん入っていたはずです。オープン戦の芳しくない成績に肩の不安、さらにこのキャンプでは若手ピッチャーの活躍が目覚ましかったこともあり、僕は「ローテーションの一角に食い込む」という最低限の目標を達成することができなかったのです。

監督室に呼ばれ「ロングマンでいく」と言われた瞬間は、正直その意味を理解できませんでした。しばらくの間は「なんで俺が中継ぎなんだ……」と納得できずにいました。

プロ野球人生で中継ぎをしたのはプロ入り2年目（2001年、大阪近鉄バファローズ時代）の一軍初登板のときと、2009年のWBCのときだけです。

シーズンを通して中継ぎなど経験したことのない僕が、メジャーのルーキーイヤーに中継ぎをしなければならない。正直、ロングマン通告があった直後の不安とプレッシャーは相当なものでした。

でも、その不安とプレッシャーも僕に長くまとわりついていることはありませんでした。「未知の領域から、いろんなことを学んでやろう」と気持ちを切り替えた途端、それまで心を覆っていたモヤモヤした気分が晴れ、「中継ぎ」を受け入れることができたのです。

何事も経験してみなければわからない。僕が今のピッチングを確立できたのも、いろんなフォームや球種を試行錯誤してきたからであり、失敗を重ねた末に生み出された成功こそがその人にとっての血となり肉となる。

考えてみれば、人生というものも未知の領域へ踏み込むことの連続で成り立っています。誰も知らない〝明日〟という未知の領域は、この世に生きている人たちに平等に訪れます。

たとえ明日が不安であっても陽は昇り、必ずやってきます。何人たりとも明日から逃げることはできません。

であるならば、誰も知らない明日をクヨクヨ悩むより、「どんな明日になるんだろう」とワクワクする気持ちで、明日に臨んだほうが精神的にはるかに楽なはずです。

僕はそのことに気づいたから、「中継ぎ」という現場を経験し、そこからいろんなことを学ぼう、成長できるはずだと気持ちを切り替えることができました。


先述したように中継ぎという現場に足を踏み入れた当初は、ストライクゾーンもわからず、ホームランも打たれ、散々な思いを味わいました。

思うような結果が出ず、落ち込むことはありませんでしたが「今までこんなに悩んだことはない」というくらいに毎日、悩みに悩みました。

でもそのお陰で僕はシーズンの後半から先発として結果を残せるようになったのです。

中継ぎの難しさを味わい、いくつもの失敗を経験したからこそ、僕は「メジャー版・岩隈久志」として生まれ変われたのだと思っています。

背番号を追いかけてはいけない。自分が背番号の「格」をつくる

マリナーズで僕の背番号は「18」です。

日本で「18」は、そのチームのエースを意味する重要な番号とされています。

楽天イーグルス時代、僕は背番号「21」を背負っていました。大阪近鉄バファローズのときから長年連れ添ってきた番号なので、もちろん愛着がありました。

しかし、マリナーズではベテラン外野手のフランクリン・グティエレスが「21」をつけていました。

WBC日本代表で、僕は「20」をつけていたので（※当時、福岡ソフトバンクホークスの和田毅選手が「21」。和田選手は最終メンバーに選出されない）、「20」にしようかとも思いましたが、こちらもマイク・カープという選手がすでにつけていたのです。

「さて、どうしたものか」となったとき、チームに空いている番号を確認すると「18」が空いていると言います。そこで僕は球団に「18番にしてください」とお願いしたのです。

「18」を選んだのは、その番号をつけることで、マリナーズのエースと呼ばれるような存在に一歩でも近づきたいと思ったからです。

ただ正直なところ、プロ野球時代から通じて、僕にはあまり背番号に対するこだわりというものがありません。

もし「18」も、すでに誰かがつけていたとしたら、僕は特に気にとめず、ほかの番号を選んだはずです。その番号が仮に40番、50番と大きくてもきっと気にしなかったと思います。

背番号に対するこだわりはないものの、「18」という番号を選んだ以上、その番号に恥じないピッチャーにならなければいけないとも感じています。

しかし、背番号というものに、あまりに意味を求めすぎるのは危険です。背番号を重圧に感じたり、背番号に振りまわされたりするような選手だけにはなりたくありません。

背番号の〝格〟をつくるのは、あくまでも選手自身です。

プロ野球時代もそうであったように、背番号に追いつくという感覚ではなく、背番号が自分に追いついてくるような感覚でプレーしていきたいと考えています。

選手が成長し結果を残し、まわりも認めてくれるようになる。そうすることで、その選手を象徴するものが背番号となる。

背番号の〝格〟というものは、そうやってつくられていくものなのです。

一般のビジネスパーソンの世界でも同じことが言えると思います。

肩書きや役職に追いつけ追い越せとやっていては、自分がその状況に振りまわされているということです。

自分の仕事に集中し、やるべきことをやって結果を残すことで、「課長」「リーダー」「マネージャー」といった自分を象徴する言葉がついてくるのだと思います。

結局のところ、どんな背番号だろうと、どんな肩書きだろうと、自分がやるべきことをやらないことには、そこに価値は生まれないのです。

「準備の人」になれば、心がぶれることはない

マリナーズへ移籍した1年目の夏、それまでチームでともに戦ってきたイチローさんの電撃トレードが発表されました。みなさんご存じのとおり、ニューヨーク・ヤンキースへの移籍です。

メジャー・リーグでは、シーズン中のトレードの期限が7月31日までとなっており、プレーオフ進出を狙うチームが、ほかのチームの主力選手を獲得することはよくあることで、イチローさんのトレードも、その流れのなかで行われました。

しかし、イチローさんはもはやマリナーズの選手にとっても、ファンにとっても〝そこにいるのが当たり前〟という存在となっていただけに、トレードの発表は僕にとっても衝撃的でした。

メジャー1年目で右も左もわからない僕に、イチローさんは野球だけでなく、生活面においても参考になるアドバイスをたくさんくれました。

さらに、それまでの約半年の間、チームメイトとしてイチローさんの背中を見続けることで、僕はたくさんのことを学ばせてもらいました。

イチローさんのアスリートとしての生き方を、ひと言であらわすとするなら「準備の人」ということになります。

38歳であそこまで動けるのは、常に準備を怠らないからであり、イチローさんほどストイックかつひたむきに野球に取り組んでいる選手を、僕は今まで見たことがありません。

打席に入る前、ネクストバッターズサークルで体をほぐすイチローさんの姿はすっかりおなじみですし、ライトの守備についている際も、常に次のプレー（展開）に備えて体を動かしています。

試合中だけでなく、試合の前後も自分のやるべきことをしっかり行っているイチローさんの姿を見る度に、僕は頭の下がる思いでした。

グラウンドで最高のパフォーマンスを発揮するために、イチローさんは試合前のロッカールームでも入念なストレッチを欠かしません。

実はロッカールームでストレッチをするような選手はほとんどいません。

日本でもメジャーでもそれは同じです。

僕はそんなイチローさんの姿を見て「毎年結果を残すためには、ここまでしなければいけないのか」と思い知らされました。

イチローさんがここまで大きな故障を抱えることなく、常に第一線で活躍してきたその裏側には、そういった陰の努力があったのです。

しかもイチローさんは、そういった陰の努力をあまり人に見せようとしません。そこがまたすごいところだと思うのです。

打って当たり前、捕って当たり前。すべての人からそういった目で見られているなかで、結果を残し続けるのは並大抵のことではありません。

いとも簡単にヒットを打つのも、難しい打球を難なくチャッチするのも、そこに至るまでの準備がきっちりとされているからです。

準備をしっかりしていれば、心もぶれることがない、心がぶれなければ、感情をコントロールできる。

イチローさんのプレーが常に安定しているのは、ぬかりない準備によって心身が整えられているからなのだと思います。

〝超一流プレイヤー〟というのは、きっとイチローさんのような選手のことを言うのです。そんな選手と同じ空間でプレーできたことは、自分にとってかけがえのない財産となっています。

イチローさんにならい、最近では僕もちょっと空いた時間などがあるとロッカールームなどでストレッチをするようになりました。

トレーニングというと、どうしてもウェイトトレーニングのような「鍛える」トレーニングに目を向けがちですが、「故障しない体をつくる」という意味では体の柔軟性を高めることはとても重要です。

シーズンをとおしてチームに貢献し、なおかつそこで最高のパフォーマンスを発揮する。それが一流プレイヤーの条件であることを、僕はイチローさんからあらためて教わったような気がします。

イチローさんのヤンキース移籍が発表されてすぐ、マリナーズは本拠地であるセーフコ・フィールドでヤンキースと対戦しました。

イチローさんは「8番・ライト」でヤンキースの先発メンバーに名を連ねていました。新たな背番号「31」を背負ったイチローさんが3回表に初打席に立ったときには、観客席のマリナーズファンからスタンディングオベーションで迎えられました。

ブーイングではなく、スタンド総立ちの拍手で迎えられたところに、イチローさんがマリナーズにとってどのような存在だったのかが示されています。

鳴りやまぬファンの拍手のなかに「11年半、ありがとう」という感謝の気持ちが込められているようでした。

僕は対ヤンキース3連戦の3試合目に先発として登板し、イチローさんと対戦しました。僕が大阪近鉄バファローズで一軍デビューする前にイチローさんはメジャーへ行ってしまったので、実際にイチローさんと対戦するのはこのヤンキース戦がはじめてでした。

イチローさんとの初対決。

ヤンキースのユニフォームを着たイチローさんと対戦することで「ああ、違うチームになってしまったんだな」という一抹の寂しさを感じました。

しかし、超一流プレイヤーであるイチローさんと対戦できることは、ピッチャーとしてこのうえない喜びでした。

マリナーズとヤンキースは同じア・リーグということで、今シーズン以降もイチローさんとは何度も対戦することになると思います。

イチローさんに「しっかりしろよ」と言われないように、教わった〝準備〟を実践しつつ同じメジャーという舞台で戦い続けていきたいと思います。

ポーカーフェイスでいることが、集中と安心をもたらす

「岩隈さんって、試合中に表情を全然変えませんよね」と言われることがあります。

僕は、マウンドで心を乱さないことが「いいピッチャー」の条件だと思っていますし、野手から信頼を得るうえでも、こうした心構えは絶対に必要だと思っています。

ただ、僕もひとりの人間です。マウンド上で気が立ったり、イライラしたりすることはもちろんあります。

でも僕はその気持ちを引きずらず、すぐに切り替えます。

だから、まわりの人たちには僕が〝ポーカーフェイス〟に見えるのだと思います。

たとえば野手がイージーなゴロをエラーしたとします。

当然、僕も「完全に打ち取っていたのに……、それくらいは捕ってほしいな」と思います。

しかし、〝ミス〟は人間なら誰でも起こすものです。僕だって、しょっちゅうミスをしています。

だから自分以外の誰かがミスをしたからといって、それを安易に責めるのはあまりに単純すぎます。ミスは誰だって犯す可能性があるのです。要はお互いさまです。

僕の犯したミスを、野手がカバーしてくれることだって、今までに何度もありました。

そんなことから、僕はたとえ野手がエラーしたとしてもそれを責めるような気持ちはすぐに捨て去り、「このピンチを僕がカバーしなければいけない」と考えるようにしています。

「ここで点を取られるわけにはいかない」

「このランナーをゲッツーに取ろう」

そういう考え方に切り替えて、バッターに集中します。

すると気持ちも落ち着き、自分のやるべきことが見えてくるのです。

それに野球は〝ミス〟によって成り立っているスポーツです。

ピッチャーがすべてのボールを狙いどおり投げられるわけではないですし、どんなにすごいバッターでも4割ほどしか打つことはできません。

「ミスとは必ず起こるもの」と考えていれば、気持ちは楽なはずです。

ひとつのミスによって熱くなり、まわりが見えなくなってしまう人は、自滅の道を歩んでいるだけなのです。

プロ野球のピッチャーでもカッとなって自分の世界に入ってしまい、そこから崩れていってしまう選手はいます。

多少熱くなることで闘争心をかき立て、自分の力を発揮するタイプの人もいるので一概には言えませんが、野球だけでなくあらゆる勝負事において〝冷静〟であろうとすることはとても大切なことだと思います。

僕自身、自分が熱くなって力を発揮できるタイプではないとわかっています。

だからどんな状況にあっても冷静でいようと努めています。冷静でいなければ、逆境を切り拓く知恵は生まれてこないからです。

それに、表情を変えずに「焦らない」でいることは、まわりの人に安心感を与えることになります。

先の例で言うと、エラーした選手に余計なプレッシャーを与えませんし、自分が集中している姿を見せることで、その選手も次のプレーに集中するようになります。

そうすることで、次のバッターをアウトにする確率は自然と上がっていくのです。

熱さを見せることで、パフォーマンスが上がるのなら、それに越したことはありません。

しかし、熱さはときに、「焦り」「狼狽」「余裕がない」というふうにも映ってしまいます。

できるだけ冷静でいること。また、冷静に見えるようにすること。

これは、マウンド上で僕が決めている大切なルールです。

「自信」とは、自分と向き合うこと。「過信」とは、相手ありきで考えること

高校を卒業し、プロの道に入ってから数えきれないほどの失敗をし、そのひとつひとつからたくさんのことを学んできました。

ひとつのミスや失敗にとらわれず、思考を素早く切り替えることの大切さも、プロに入ってから学んだ知恵です。

特にピッチャーというポジションは、ボールをコントロールすることはもちろんですが、それ以上に「メンタル」をコントロールすることが重要で、それができてはじめて、試合そのものをコントロールすることができるようになります。

メンタルをコントロールするためには、何よりも気持ちの切り替えが大切になります。

それをするには、自分に「自信」を持つしかありません。

困難な状況に陥っても、一瞬で自信を取り戻すことが重要なのです。

9回の大事な場面で、先頭バッターにフォアボールを出してしまったら、気が気ではない。

初回に先制ホームランを打たれれば、落ち込む。

簡単なゴロを後逸してしまったら、自分にいらだつ。

こうしたマイナスの感情に支配されそうになるときは、まずは自信を思い出すのです。

そして、その「自信」とは、「自分の実力のほうが上」「相手の調子が悪いから抑えられる」「相性がいいから大丈夫」と思うことではありません。

これは「自信」ではなく、ただの「過信」にすぎないのです。

それに、〝相手ありき〟の考え方になっていることが問題です。

自信とは、「自分が出せる最大限の力を信じる」ということです。

僕より球の速いピッチャー、僕の球を軽々スタンドへと運ぶバッターはたくさんいます。

しかし、そんな僕でも「自分が出せる最大限の力を信じる」ことで、そのピッチャーとの投げ合いに勝てますし、バッターを抑えることができるのです。

自分の能力をどのように発揮するか、考え続けるのです。

自分の実力以上のものは出すことができません。

だったら、その実力を出し切るしかないですし、出し切ることで道が拓けると信じるしかないのです。

原因を考えれば、おのずと自分と向き合える

僕が気持ちを引きずらず、すぐに切り替えて次の一歩を踏み出せるのにはひとつ理由があります。

それは、いい結果、悪い結果を問わず、その場、その場で分析、反省し、理由を明確にしてから次に進むようにしているからです。

僕は、割と物事を理詰めで考えるタイプです。

1試合をとおして、うまく相手打線を抑えられたとしても「なんとなく調子がよかったから抑えられた」、あるいは打ち込まれて負けたときに「おそらく、全体的にストレートが悪かったから打たれたのだろう」というようなアバウトな考え方はしません。

具体的に言えば、イニングごとにベンチに戻ってきたら、その回の自分のピッチングを振り返り、「抑えられたのは何がよかったのか」「打たれたのは何が悪かったのか」を突き詰めて考え、課題や修正点を明確にするのです。

僕の場合、試合が終わってからも、もちろんその日の反省はしますが、やはりその場での反省、修正に重点を置いています。

何より記憶も新鮮ですので、そのときの感覚や感情を鮮明に振り返ることができるのです。

プロの世界に入って実感したのは「成功も失敗も紙一重」ということです。

「あの一球の失投さえなければ勝てたのに」という経験を、僕は嫌というほど味わってきました。

自分の失投を相手が打ち損じてくれたから勝てたことも何度もあります。

いいも悪いもまさに紙一重なのです。

だから、あるときから僕は「そんな紙一重のところに執着してもしょうがない」と思うようになりました。

いいこと、悪いことがあったとしてもそれに対して必要以上に一喜一憂せず、シーズンを通じて浮き沈みの少ない安定したピッチングをしたい。

そして、そのためにはどうしたらいいのか。それをいつも考えるようになりました。

年中、常に100%の力を出せる人間はこの世にはいません。でも、できる限りベストに近い状態で戦っていこうとする姿勢を持ち続けることはとても大切だと思います。

だから僕は少しでも安定したパフォーマンスを披露できるよう、試合の度、イニングの度に反省と修正を重ね、自分のピッチングスタイルを確立してきました。

原因から目を背けていては、次のステップに進んでいくことはできません。

原因を考え、自分と向き合い冷静に分析できる人にだけ、次のステージが用意されるのだと思います。

「実力以上のものを出す必要はない」と思えば緊張はなくなる

今でこそ、マウンド上で緊張することはあまりなくなりましたが、プロの世界に入ったばかりの頃はマウンドに立つ度に緊張していました。

最近では、2009年のWBCで投げたときに久しぶりの緊張感を味わいました。でもそれは、プロに入ったばかりの頃の緊張とはちょっと違う、勝負の緊迫感から生じる「適度な心地いい緊張感」でした。

ガチガチに緊張すれば、誰だってパフォーマンスの質は落ちます。でしたら、やはり緊張はしないに越したことはありません。

近年、僕があまり緊張しなくなったのは、「いろいろな場数を踏んできたから」と言ってしまえばそれまでですが、「なぜ人は緊張するのか?」と考えることで、その解決方法がおのずと導き出されたからです。

先述したように、プロの世界に入ったばかりの頃は緊張ばかりしていました。

場面によっては、胸がドキドキして、足の震えが止まらないときさえもありました。

当然、思うような結果は残せません。そこであるとき考えたのです。

「なんで緊張するのだろうか？」

たとえば、ノーアウト、ランナー二・三塁のピンチの場面で、バッターボックスにリーグを代表するような強打者を迎えたとします。

新人選手であればもっとも緊張する場面でしょう。プロに入ったばかりの頃の僕も、もちろんそうでした。

こういった場面で、緊張しやすい人は「とにかく三振を取ってやる」「何がなんでも無失点に抑えよう」と思ってしまいます。

しかし、こうした考え方に支配されているようでは、相手の思うつぼです。

相手は球界を代表するバッターです。新人投手の球威、球種、球質などはすでに見切られていますし、心の内だって見透かされています。

かなりのピンチの場面。相当の実力のある新人でもなければ抑えるのは至難の業であり、普通のピッチャーであれば、「よくて犠牲フライ」といったところでしょう。

それなのに、「三振を取ってやる」「無失点に抑えよう」と思うから緊張してしまうのです。

追いつめられた不利な場面で、実力に差があるにもかかわらず、完璧な結果を求めすぎなのです。

言い換えれば、「自分の実力以上のものを出そうと力んでいる」のです。

自分の実力を冷静に判断できずに、いい結果を求めようとするから緊張してしまいます。

もちろん「打たれるつもりで投げろ」というわけではありません。

「ここ一番で、いつも以上の自分を出そう」「自分をよりよく見せよう」、そういった気持ちは緊張に直結します。

先述した強打者を相手にしたときであれば、余計なことは考えず「打たれて元々。全力で自分の力を出し切って、ぶつかっていこう」と思えば、少なくとも必要以上に緊張しなくてすむのです。

そして、そういった緊迫した場面を何度も経験することで緊張はどんどん薄まり、自分の持っている力を存分に発揮できるようになるはずです。

緊張と言えばこんなエピソードがあります。

近年、日本の野球界を見ると、テキサス・レンジャーズのダルビッシュを筆頭に西武ライオンズの涌井（秀章）、楽天イーグルスの田中（将大）など、若手ピッチャーの台頭が著しいです。

ちなみに、ダルビッシュと涌井は僕より5歳下、田中とは7つ年が離れています。ダルビッシュと涌井はパ・リーグで対戦してきましたし、田中は楽天イーグルスで一緒でした。3人とも2009年のWBCでともに戦った仲でもあります。

それだけに彼らとの思い出はいくつもありますが、印象に残っているのがWBCで戦っていたときのことです。

登板前の練習中、緊張している僕を見て、ダルビッシュと涌井が「岩隈さん、緊張してるんですか?」と話しかけてきました。

「当たり前だろ。ふたりだって登板前は緊張するだろ」と聞くと、ダルビッシュは「全然緊張しません」、涌井も「投げるのが楽しみだから」と言います。

「5歳も年下の選手が緊張しないのに、俺はなんで緊張しているんだろう?」と考え込んだのをよく覚えています。

そのとき、近くにいた田中にも同じ質問を投げかけてみましたが、答えはダルビッシュや涌井と一緒。こうなると、もう苦笑いを返すしかありませんでした。

当時のダルビッシュと涌井の年齢は、アテネオリンピックに参加したときの僕と同じです。

アテネのときの僕は、WBCのときとは比べようもないくらいにガチガチに緊張していました。そう考えると、ＷＢＣでの彼らの落ち着きぶりは「すごい」としか言いようがありません。

しかし、今振り返ってみると、彼らが緊張しない理由は明らかです。

彼らは何ものにも代えがたい、確固たる自信を持っていたのです。

自分の持っている能力さえ出し切れば、結果を出せると確信していたということです。

そう考えると「緊張しない」ということは、一流選手の証でもあることがわかります。

調子の「いい、悪い」に関係なく、常に究極の理想を目指す

日本では先発ピッチャーが9回を投げ切る、いわゆる「完投」に重きが置かれているようなところがあります。

たしかに、プロ野球でピッチャーにとって、完投、完封できることは一流の証です。しかしピッチャーの肩や肘は消耗品でもあるので、多くの球数を投げればそれだけ体は酷使され、選手寿命も必然的に短くなっていくはずです。

今でこそ日本でもスターター（先発）、セットアッパー（中継ぎ）、クローザー（抑え）といったピッチャーの分業制が確立していますが、アメリカの分業制は日本よりも投球数やイニングなどが、球団によってしっかりと管理されています。

先発ピッチャーもイニングは関係なく、投球数が100球前後になれば交替させられるのが基本です。ピッチャーはその球団にとって大切な商品ですから、その商品を故障させるようなことは決してしないのです。

僕は元々、完投や完封といったものに重きを置いておらず、それが〝ピッチャーの美学〟だとも思っていません。

僕のなかにある〝ピッチャーの美学〟を、あえてあらわすとするなら、「限りなく少ない球数で、相手打者を打ち取る」ことです。

僕にとっての美学は、相手打者から三振を奪うことでも、完封することでもありません。

僕の究極の理想は「1試合を27球で終えること」なのです。

メジャーでは勝率や防御率よりも、先発ピッチャーを評価するうえで大切にされている数値があります。

それがQS（クオリティ・スタート：Quality Start）という指標です。

QSを簡単に説明すれば「そのピッチャーが、どれだけ試合をつくれているか」という目安になります。

先発ピッチャーのもっとも大切な役目は「試合をつくること」とされています。

僕も今まで完投や完封といったことより、「試合をつくること」に注力してきましたし、その積み重ねによってチームからの信頼も得られると考えてきました。

QS率は「先発ピッチャーが6イニング以上を投げ、自責点3以内に抑えた試合数÷先発登板数」から導き出されます。

つまり、QS率の数字が大きいほど、先発ピッチャーとして「試合をつくる」確率が高く、それだけ先発としていい仕事をしているというわけです。

ちなみにメジャー1シーズン目の昨季の僕のQS率は5割をちょっと超える程度です。この数値を6割、7割と伸ばさなければローテーションの一角に踏みとどまることはきっと難しいだろうと思います。それくらい、メジャーではQS率が重要視されているのです。

打者から三振を取ることに快感を見出しているピッチャーは日本にもアメリカにもいます。しかし、僕は三振を取ることにそれほど魅力を感じていないし、メジャーに来てからはなおさら三振を狙いにいくようなピッチングは控えるようにしてきました。

メジャー1年目はすべてが試行錯誤で、正直バッターを三振に取れるポイントがまったくつかめませんでした。

三振を取りにいって逆に痛打されるようなこともあったので、僕は途中から「三振はまったくいらない。とにかくゲームをつくる」ということに完全に気持ちを切り替えました。

6イニングを3点以内に抑え、なおかつフォアボールも少なければ、ゲームをつくることができます。

QSを達成すれば野手のリズムもよくなり、それがチームの打撃力向上にもつながる。それが勝利につながり、自分にも勝ち星がつく。

ゲームをつくることはチームのリズムをつくることであって、いいリズムになれば勝負の流れを一気に自分たちへ手繰り寄せることができるのです。


僕の身上は「打たせて取る」こと。

それが僕のピッチングのスタイルでもあります。

いかにバッター心理を読み、少ない球数で抑えるか。

その日の調子がいい、悪いは関係ありません。どんなときも、このスタンスでいることが大事なのです。こうした心構えでいることで、気持ちも安定します。

27球で勝利投手になることは、不可能に近いことかもしれません。

でも僕はそこに一歩でも近づけるよう、これからも努力していきたいと思います。

第2章

固定観念を捨て、変化を受け入れる

環境が変われば「やりにくくなる」のは当然

「マリナーズを選択してよかったですね。ほかのチームよりはやりやすかったでしょう」と言われることがあります。

かつてマリナーズには、〝大魔神〟としておなじみだった佐々木主浩さんやキャッチャーのレギュラーとして4シーズンにわたり活躍された城島健司さん、巧みな投球術でクローザーとしても起用された長谷川滋利さんなどが在籍し、僕が入団した2012年にはイチローさんと川崎がいました。

そういった日本人になじみのあるチームということで、一般的にマリナーズは「日本人にとってやりやすいチーム」と思われているでしょう。

でも、僕はマリナーズを「日本人にとってやりやすいチーム」だからという理由で選んだわけではありません。

たしかに日本人選手が多く在籍したことで、ほかのチームに比べれば日本人選手への対応が慣れている点があるのは間違いありません。

しかし、僕は近鉄バファローズに入団したときも、楽天イーグルスへ移籍したときも「環境が変われば〝やりにくく〟なるのは当然だ」と思ってやってきました。

肝心なのはその「やりにくい環境」に自分でどのように対応し、改善し、「やりやすい環境」に変えていくのかだと思っています。

環境のまったく異なる〝新天地〟へ移るのは、誰にとっても大変なことです。そして、その新天地をやりやすいと感じることができるか、できないのかはその人の気持ち次第なのです。


未知の世界に順応、適応していくためには、心の持ちようとして「最初はやりにくくて当たり前」くらいの感覚を持っていたほうがいいです。

練習の内容、ミーティングや事前準備を含めた試合への臨み方はアメリカより日本のほうがかなり細かいです。

僕はそういった日本の文化に慣れていたので、アメリカの悪く言えば大雑把なやり方に当初はかなりとまどいました。

でも「新天地ではやりにくくて当たり前」といつも思っているので、どんなに納得のいかないことがあっても「これがアメリカなんだ」と腹をくくりました。

そんなことを何度も繰り返すことで「今までの自分が細かすぎただけかもしれないな」と納得することができ、僕はアメリカの野球になじむことができたのです。

マリナーズで過ごしたメジャー1年目のシーズンは悩んだり、迷ったりの連続でしたが、シーズンを終え、振り返ってみると不思議と「とても楽しかったな」と思えます。

辛かったことや苦しかったことは、僕にとってもうすでに過去の話で、気持ちは2013年のシーズンに向かっていました。

2年目のシーズンは、1年目に比べればはるかに「やりやすく」なると思います。でも僕はその「やりやすさ」に甘んじるつもりはまったくありません。

文化の異なる国で野球を続けている以上、日本人の僕にとって「やりにくい」ことは必ず出てきます。どんな困難に直面しても、僕は「やりにくくて当たり前」という言葉を心のなかで唱え続けるでしょう。

「やりにくくて当たり前」という言葉は、僕を〝メジャー1年目〟の初心に戻してくれる大切な言葉でもあるのです。

不便を、不便と思わなければ、ひとつ新たな発見ができる

野球においても、日常の生活においても、不安だらけの状態でスタートしたアメリカ生活1年目。

なかでも特に〝言葉〟には不安を感じていただけに、グラウンドでのキャッチャーとのコミュニケーションは最大の懸念でした。

ご存じのとおり、日本でキャッチャーは〝女房役〟とたとえられるくらい、ピッチャーとの関係が深いポジションです。

いいキャッチャーはピッチャーの調子を見ながら、そのよさを最大限に引き出してくれます。悪いときには悪いなりに、修正しながらピッチングをしなければならないのはピッチャーとして当然ですが、キャッチャーとの呼吸が合えば、その修正をより迅速かつ的確にこなすことができます。

1年目のシーズン、マリナーズには3人のキャッチャー（ヘスス・モンテーロ、ジョン・

ジェイソン、ミゲール・オリボ）がいて、彼らとのコミュニケーションはすべて通訳を介して行いました。

本来は通訳をとおさずに意思疎通が図れれば一番いいのですが、僕自身が英語を「聞く」ことはできても、まだ「伝える」レベルには達していません。

通訳を介しながらのコミュニケーションにやや不便さは感じるものの、僕の思い、考えていることは、その都度しっかり伝えることができました。

ただ、メジャーでは、試合中に通訳がマウンドへ行くことはできませんでした。


ゲーム中の重要な局面でキャッチャーがマウンドに駆け寄るのはプロ野球でもメジャー・リーグでもよく目にするシーンです。

そんなとき、マリナーズのキャッチャー陣は僕に対して「勝負を急ぐな」「しっかり溜めて投げろ」など要点を絞って簡潔な言葉で言いたいことを伝えてくれました。

そういったキャッチャーの気遣いなどもあったから、僕はシーズン後半に自分本来のピッチングができるようになったのだと思います。

意思の疎通が難しいことで不便には思いましたが、ストレートにモノを言ってくれるので、逆にわかりやすく感じるときもありました。

先に述べた、試合中のキャッチャーからのアドバイスは、自分がやることを明確にしてくれて、気持ちをコントロールすることに役立ちました。

僕がほかの選手やコーチに伝えるときも同じで、なるべくストレートにわかりやすく伝えることを心がけました。

人は、不便な状況下に置かれても、それに自然と慣れていき、最適な行動がとれるようにできているように思います。

アメリカへ来て言葉のコミュニケーションが難しいなか、不思議なことに野球においては、より言いたいことが言えるようになった気もします。

僕はチームメイトに自分のことをより深く知ってもらわなければいけない立場でしたし、そういった面では、この不便さがある意味役に立ったと言っても過言ではありません。

とまどいを好奇心に変え、相手ではなく「自分」を変える

メジャーのマウンドに立って、僕がまずとまどいを覚えたのは日米のキャッチャーの「考え方の違い」でした。

日本のキャッチャーは「守備の要」と呼ばれ、グラウンドのなかでは監督の代役を果たします。キャッチャーが守備を支配し、ゲームをつくってきます。

ピッチャーの調子はどうなのか、相手打者の特徴はどうなのか、ゲーム全体の流れはどうなのか、そういったことを考えながら配球を組み立て、ピッチャーをリードしていきます。

一方、僕がはじめて足を踏み入れたアメリカの野球は「ピッチャー中心」の世界でした。守備もあくまで「ピッチャーありき」ですべてが組み立てられます。

だからキャッチャーの配球にしてもピッチャーありきの考え方です。相手バッターのことなどあまり考えずに、ピッチャーの得意な球種を中心にサインを出してきます。それが最初

に感じたアメリカのキャッチャーの印象でした。

試合前にバッテリーでミーティングなども行うので、相手打者のデータもキャッチャーは一応インプットしているはずです。

しかしどのバッターにも、基本的に攻め方は大きく変わりません。

「このバッターにこの球種は打てないだろう」と感じたら、とことんその球種を要求してきます。そこに日本のキャッチャーのようなきめ細やかさはありませんでした。

次に僕が順応しなければならなかったのはアメリカの「ストライクゾーン」でした。

印象として、アメリカのキャッチャーは、日本のキャッチャーほどキャッチングがていねいではありません。ですから、キャッチの仕方、キャッチする場所も微妙にぶれていて、どこからどこまでがストライクゾーンで、どこからがボールなのか、その感覚が当初はまったくつかめませんでした。

「郷に入れば郷に従え」という言葉がありますが、メジャーの野球に飛び込んでいったのは僕のほうなのだから、僕がそこに順応していかなければならないのです。

「相手を変える」のではなく「自分を変える」ということです。

メジャーの野球にとまどうことは多かったのですが、僕はそれを「こんな野球もあるんだ」

と、新たな発見として楽しむようにしていました。

そして、そのなかで自分なりの解決策、打開策を見出していきました。

当初はとまどった「キャッチャーの考え方」についても、相手任せにしていればいつまで経っても状況は変わりません。

アメリカのキャッチャーは基本的に「ストレート中心の配球で追い込んだら変化球」という組み立て方をします。

その組み立て方を僕が変えることはできません。だから僕は自分の得意とする変化球の順番をはっきりキャッチャーに伝えることにしました。

「一番はスプリット（フォーク）、二番目にスライダー、三番目がカーブ」

本当にこれだけです。前項で述べたように、英語が話せないということで、シンプルに伝えました。

そういったことを伝えるだけで、キャッチャー陣は岩隈久志というピッチャーを理解してくれて、追い込んだときに僕の投げやすい球種を要求してくれるようになりました。

そうやって徐々にではありますが、3人のキャッチャーとの相互理解を深め、アメリカの野球に順応していったのです。

武器となる道具をあらため、最善の準備をする

野球選手のなかには、神経質に環境の変化を気にする人がいます。

球場の大きさ、グラウンドの土、芝の具合、マウンドの高さ、硬さなどに敏感な選手です。

ボールで言えば、国際試合に対応するために、プロ野球では2011年度から、いわゆる「統一球」が採用されています。

革の質、縫い目の高さなどがそれまでのボールと異なっているため、その対応に苦慮しているピッチャーもたくさんいました。

ご存知のとおり、この統一球の導入には「国際試合で使われるボールに近づけるため」という目的もあります。しかしメジャーを経験して思ったのは、アメリカで使われている公式球とプロ野球の統一球はまったくの別物だということ。握った感じもまったく違いますし、メジャーのボールのほうがよく飛ぶ気がします。

元来、僕は環境の変化をあまり気にするタイプの人間ではありません。日本にいたときもグラウンドの違い、マウンドの違いに苦労したことはないですし、統一球への対応もほかのピッチャーに比べればスムーズにできたと思います。

ただ、メジャーに来て、独特のマウンドの硬さにだけはどうしてもなじむことができませんでした。でもだからといって「マウンドの土をもっと軟らかくしてくれ」とは言えません。そこで僕は自分の武器でもある〝道具〟をあらためることで、メジャーのマウンドに対処することにしたのです。

昔からよく言われていることですが、メジャー・リーグのマウンドは日本と違い、とても硬いです。スパイクで蹴ってもまったく掘れないぐらいです。

だがその硬さは〝滑る〟という硬さではありません。逆にスパイクの歯が一度刺さったらつかんで離さないという硬さと言えます。

右ピッチャーの場合、スパイクの歯が土を噛みすぎると、踏み込んだ左足の柔軟性が奪われ、投球後の守備体勢が取りづらくなります。さらに左足が固定されてしまうことで、思わぬケガにもつながりかねません。

そこで僕は自分のスパイクを変えることにしました。メーカーの担当者に要望を伝え、スパイクの質を〝メジャー仕様〟に変更したのです。

具体的にはスパイクの歯の本数を減らし、なおかつ歯の長さも短くしてもらいました。さらに硬いマウンドだと足への負担も大きくなるので、ソール部分を従来より厚く、柔らかい材質に変えたのです。

そこまでこだわり、自分の武器となる道具を整えました。

どんなに気に入っている道具やアイテムでも、どうしても環境に適さないということはあります。そんなときは、思い切ってシフトチェンジする勇気も必要です。

慣れ親しんだものが一番いいはずと思っていたけれど、案外新調したもののほうが、思いのほか気に入ったり、新しい発見に出合うこともあります。

メジャー2年目のシーズンを過ごすなかで、自分の武器をさらにあらためることが出てくることも当然考えられます。

でも僕は、今までもそうだったようにその都度、環境の変化に対応していくつもりです。

スパイクの歯が固定されてしまったらさまざまな障害を引き起こすように、思考も固定されてしまえば柔軟性を失い、それは結局自分自身の成長を妨げることにもなると思います。

僕はそうならないために、これからも柔軟に変化を続けようと思っています。

役割が変われば、臆病になるのはしょうがない

スプリングキャンプでウェッジ監督から「ロングマンでいく」と告げられ、僕のメジャー1年目のシーズンは、今まで経験したことのない「中継ぎ」としてスタートしました。

現代野球におけるピッチャーの役割は大きく「先発、中継ぎ、抑え」の3つにわけられます。3つとも〝ピッチャー〟というポジションであることに変わりはないですが、調整法やゲームへの入り方など異なる部分が多く、僕にとって先発から中継ぎへのシフトはそれこそ「違うポジションをやれ」と言われているに等しいくらいショッキングな出来事でした。

先発投手は次の登板日が決まっているので、登板が終わった翌日からは次の登板に向けた調整を行います。プロ野球は中5日、中6日のパターンが多く、メジャー・リーグは中4日がスタンダードです。ピッチャーはそれぞれ、次の登板に調子のピークがくるよう、4～6日をかけて調整します。

ですが、中継ぎには先発投手の「中◯日」のような調整期間はありません。毎日登板する

可能性があるのでシーズンを通じてブルペンに待機しています。さらに先発は「1イニング目から投げる」ということが決まっていますが、中継ぎはゲームのどこで登板することになるかもわかりません。

中継ぎピッチャーは監督から「行け」と言われたときに、気持ちも体も整えておかなければいけません。

中継ぎ経験のない僕にとってはこの「『行け』と言われたときに行く」という作業が実に難しく感じられました。

中継ぎという未知の領域ではあるものの、プロとしてやっている以上、そこで結果を出さなければなりません。

しかしメジャー1年目ということで、バッターそれぞれの特徴もわからなければ、ストライクゾーンも把握できていない。

しかも、3人いるキャッチャーはそれぞれ組み立て方も違えば、ミットのかまえ方やサインの出し方も違います。

開幕当初は、まるで真っ暗闇のなかを猛スピードで進むジェットコースターに乗せられているような気分で毎日を過ごしていました。

何もわからないけれども結果は出さなければならないというプレッシャー。さらに、覚えなければいけないこと、対応しなければならないことも山積みでした。

当時の僕は急激な環境の変化のなかで、多少臆病になっていた部分もありました。開幕以降の4試合の登板で3本のホームランを打たれたのも、そんな弱気な部分がピッチングに影響したのだと思います。

ホームランを連発され、僕はここで自分の気持ちを切り替えました。

中継ぎは、毎試合ブルペンにいます。ということはメジャーの試合を生でずっと見ていられるということです。それに気づいて以降、僕は急な登板に備えるだけでなく、ブルペンから相手の打者をつぶさに研究し、その特徴を頭に叩き込んでいきました。

ゲームが終わったあとは、スタッフが撮っておいてくれたビデオを見ながら、より細かいところをチェックしました。

そういったことを毎日続けるなかで、徐々に相手チームの特徴、バッターの長所、短所という部分が見えるようになっていったのです。

開幕から2ヵ月ほど経った5月後半くらいには、アメリカン・リーグの各打者の特徴はほぼインプットできていました。

ブルペンから味方ピッチャーの投球を見ていても「なんで○○（球種）を投げないんだろう？　○○を投げれば打ち取れるのに」とか「このバッターは、ここに投げたら打たれる」ということがわかるようになってきました。

地道な作業を毎日続けた結果、気づくと中継ぎとして登板してもホームランは滅多に打たれなくなっていました。

徐々にではありますが結果も出せるようになり、ローテーションの谷間などで先発として起用される回数も増えていったのです。

僕は、自分自身には〝臆病さ〟を隠す必要はないと思います。

環境や役割が変われば、人間なのだから臆病になるのは当たり前です。

その〝臆病さ〟があることで、今の状況から脱したい、変わりたいと考え、行動していくはずです。

臆病なのは何も悪くありません。

その臆病さと向き合うことで、人は必ず成長していけるはずなのです。

自分に必要な体は、いつもの日常だけが知っている

メジャー1年目のシーズン終盤、日本にいる知人から「テレビで今日の試合見たけど、なんか体がひとまわり大きくなったね」と言われたことがありました。

シーズンを終え、日本に帰国してからも会う人ごとに「体が大きくなった」「筋肉がついた」と言われ、相当なトレーニングを積んだようにみんな思っているようでした。

しかし、実際のところトレーニング方法はそれほど変えていませんし、その量を増やしてもいません。

体重も日本にいた頃とそれほど変わりなく、むしろ、先発は中4日のローテーションとなるので、その間に体を少しでも休めなければならないこともあり、トレーニングの量自体は日本にいた頃よりも減らしたくらいです。

日本時代より増えたものを挙げるとするなら、それはインナーマッスルを鍛えるための「チューブトレーニング」です。

なぜチューブトレーニングを多く取り入れたのかといったら、それは体の回復を早めるためです。

日本で先発ピッチャーをしていたときは、中6日でしたので、その6日間にマッサージを受け、休みを入れ、ウェイトトレーニングを入れと、割とゆったりとしたスケジュールで次の登板に備えることができました。

しかし、メジャーは中4日が基本です。与えられた時間は限られています。その限られた時間を有効に使ううえで導入したのが、チューブトレーニングだったのです。

中4日というサイクルは時間が限られているものの、慣れてくるとリズムはつけやすいです。具体的には、投げた次の日に下半身のウェイトトレーニング、2日目に上半身、3日目と4日目に疲労回復のためのチューブトレーニングや体幹トレーニングというスケジュールでした。

ウェイトトレーニングは日本時代と負荷（重さ）は変わりませんが、トレーニングの種類やセット数は減らしました。

中4日の調整で一番大切なのは、肩や肘の張りを治め、次の登板までにどこまで体を回復させられるかです。

そこでトレーナーとも相談し、3日目と4日目にチューブトレーニングや体幹トレーニングを取り入れることにしたのです。

体に張りがあっても、チューブトレーニングを入れることによって固まってしまった筋肉をほぐすことができるようになりました。

中4日のローテーションに入ったばかりの頃は、疲れや体の張りが4日間で取れるのかどうかとても不安でした。

「張りが残ったままで、投げられなくなるのではないか？」

そんな危惧を抱いていたことも事実です。

しかし、いざ中4日のローテーションのなかに身を置いてみると、頭より体のほうがいち早くそのサイクルに対応してくれました。中4日の流れのなかで、勝手に「中4日の体」になっていったのです。

自分の体の順応ぶりに驚いたのはほかでもない、この僕自身でした。

マッサージをしなければ張りの取れなかったこの体が、マッサージなしでも中4日で投げられるようになったのです。

これは本当に驚くべきことでした。

体をほぐすという意味では、毎日のストレッチも日本時代より入念にするようになりました。アメリカに来て、体の柔軟性の大切さにあらためて気づかされたのです。

トレーニングを除けば、僕は実際にマウンドで投げることによって、メジャーに対応する体になっていった気がします。

特にシーズン前半は中継ぎとしていつもブルペンで待機していたので、投げる球数はそれほどでもありませんが、その継続によって、メジャーに耐えうる体になっていったように思います。

頭より先に体が環境に適応していったということです。

自分に必要な体は、自分の生活を正しく過ごすことで、つくられていくのだと思います。

一般の仕事をしている方のなかには、毎日僕らより動いている方もいるだろうし、体をつかう方もいると思います。

また生活習慣も、仕事や環境によって人それぞれです。

そういったなかで、与えられた仕事や目的をまっとうするために、真面目に生活していれば、体は自然とできあがっていきます。自分の日常だけが、その答えを知っているのです。

「岩隈は何か画期的なトレーニング方法を実践しているのではないか？」と期待していた方には申し訳ないですが、このように取り立てて特別なメニューを設けていたわけではないのです。

メジャーで結果を残すことを考え、地道なトレーニングを毎日継続することによって僕は新しい世界に対応し、体を適応させていったのです。

次のステップに進むための、〝たまたま〟と思う心と大胆さ

肩や肘を酷使するプロのピッチャーはほかのポジションの選手に比べ、当然のことながらそのメンテナンスには気をつかいます。

しかしいくら肩や肘の手入れを入念に行っていたとしても、故障するときは故障します。「ピッチャーの肩は消耗品」と言われたりもしますが、いかにその消耗の度合いを抑えていくかが1年でも長くマウンドに立つための秘訣のように思います。

実際僕も、楽天イーグルス3年目の2007年オフに痛めた右肘にメスを入れました。以来、大きな故障はなかったのですが、2011年のシーズン中に今度は右肩を痛め、2ヵ月間戦線を離れた経験もあります。

プロのピッチャーで、肩や肘を痛めた選手のなかには「また故障するんじゃないか？」と常に不安に苛《さいな》まれているような人もいます。

だが、今の僕には肩や肘の故障や痛みの再発を恐れる気持ちはほとんどありません。

不安に思う気持ちが「ゼロ」だと言ったら嘘になりますが、「そんなことを心配してもしょうがない」と割り切っています。

この厳しい時代に生きていれば、きっと誰でもいくつかの不安を抱えているに違いありません。

プロのピッチャーであるこの僕も、体の故障だけでなくいろんな不安を持っています。でも僕は頭を〝切り替える〟ことで、それらの不安にとらわれないようにしてきました。

頭を切り替え、その不安を吹っ切る。数々の故障やケガを克服し、メジャーのマウンドに立てたのは、そんな切り替えの早さがあったからかもしれません。

勝ち星が続いていたなかでの敗戦というのは、かなり堪《こた》えることです。

でもそこで僕は「負けてしまった」と悲しむことも、「なんであそこで、あんな球を投げてしまったのだろう」と悔やむこともしません。

試合後に「なぜ負けたのか?」を分析するのは当然ですし、その反省がなければ次のステップには進めません。

肝心なのは反省のあとに「次はこうしよう」という課題を見つけることです。その課題が見つかれば悲しむことも悔やむこともなく、頭を切り替えることができます。

そもそも、勝者がいて、敗者がいるのが勝負事です。永遠に勝ち続ける人もいませんし、負け続ける人もいません。

反省すべきところは反省しながらも「負けてしまったのは、たまたま」くらいの感覚を持っていれば深く落ち込むこともないのです。

後輩などから「どうやったら、そんなふうに早く切り替えができるんですか?」と聞かれることもあるのですが、そんなとき僕は「課題や目標を見つけて、次に進めばいいんだよ」といつも答えています。

結果を残すためには、失敗からひとつでも多くのことを学び、次のステップに進むための方法を考えなければいけません。

ミスや失敗を引きずってしまう人は、課題や目標を新たに設定しないから、いつまでも過去を振り返ってしまうのです。

課題や目標を決めたら、あとはそこに向かって大胆に攻める。

そういった姿勢を貫いていれば、過去にとらわれるようなことを少しずつ減らしていくことができるはずなのです。

〝自主性〟を重んじる環境に、やりがいを見出す

僕は日本のプロ野球界に12年籍を置き、プロ生活13年目となる２０１２年にマリナーズに移籍しました。

ここまで述べてきたように、アメリカの野球はグラウンド環境から用具、練習方法まで日本とはあらゆることが異なっていました。

「同じ野球なのに、ここまで違うのか」ととまどうことも非常に多かったです。

そのひとつに、コーチ陣と選手の関係性の違いが挙げられます。

チームの指揮官は監督です。これは日本もアメリカも変わりません。

だが、アメリカでは監督もコーチも、基本的に選手に何も言いません。こちらから何かを聞きにいかない限り、コーチから指導されるということはないのです。

適切な言葉ではないことを承知で使いますが、アメリカのコーチを日本語に置き換えると「お手伝いさん」のようなイメージになります。

指導するというよりも、選手がプレーに集中できるよう、身のまわりのお世話をするといった感じなのです。

日本では監督、コーチ、選手という序列ですが、アメリカではコーチよりも選手が上。コーチは選手の盛り立て役であり、マリナーズのコーチたちも選手の自主性を常に尊重していました。

なぜ、アメリカでは選手の自主性が尊重されるのか？ それは、アメリカのコーチングの基本が「Don't over teach（教えすぎない・言いすぎない）」だからです。

何かを聞いてくればコーチは答えますが、基本的には選手を見守ります。

そのほうが自主性が育まれ、プレーヤーとして大きく成長していくことをアメリカの指導者は知っているのです。

考えてみると、教えられて覚えたものは忘れやすいですが、自分でコツをつかみ、覚えたものは体に染み込んでいるので忘れるということがありません。

選手の自主性に任されるということは、「すべての責任は選手自身にある」ということでもあります。

すべての責任は自分にあるのですから、成績が悪かったとしても、誰かに責任を擦《なす》りつけることはできません。

メジャーの若い選手たちと話していて「大人だな」と思うことが度々ありますが、彼らはそういった環境で育ってきているので、「プロとしての責任感」を知らず知らずのうちにしっかりと学んできたのだと思います。

自主性を重んじる世界は責任重大ですが、それだけにやりがいもあります。

「自分の道は、自分で切り拓くしかない」

アメリカに来たことで、あらためてプロとしての正しい生き方を教えられたような気がします。

「慣れるしかない」と開き直れば、やるべきことが見えてくる

スプリングキャンプからシーズン中に至るまで、メジャー・リーグの練習量は日本と比べて圧倒的に少ないです。

ただ、マリナーズで1年やってみて、メジャー・リーグのやり方に慣れてくると、アメリカの練習量が少ないというよりも「日本はちょっと練習しすぎなんじゃないか」と思うようになりました。

特に強く感じたのは「日本のピッチャーは投げすぎ」ということです。

メジャーでは所属する選手を「商品」と考えているので、故障の可能性が高まることは決してさせません。

ピッチャーにはスプリングキャンプ時から厳しい球数制限が設けられます。シーズン中も球数やイニングはしっかりチェックされ、その制限の範囲内での起用が続きます。

1年経験したからこそ「日本は投げすぎ」と感じるようになりましたが、スプリングキャンプ時はあまりの球数の少なさに驚くとともに、この環境でちゃんと調整できるのかどうかとても不安に感じていました。

プロ野球のキャンプでは連日100球を投げ込むようなピッチャーも珍しくありません。しかし、僕がはじめて参加したマリナーズのキャンプでは、ブルペンに入ったのはたったの3回でした。

僕が望んでそうしたのではなく、チームからそれ以上は投げてはいけないと制限されていたのです。

シーズン中も日本では中5日、6日の間に2回ほどブルペンで調整します。1回目（登板の前々日）に70～80球、2回目（登板の前日）に50球というような感じでした。

ところが先発のサイクルが中4日のメジャーでは、登板前日に30球を投げる程度。

単純計算でも、日本のたった4分の1ほどです。「たったこれだけの球数では調整のしようがない」というのが当初の正直な思いでした。

日本の調整法になじんでいる僕にとって、メジャーの調整法は合わないものでしたが、「郷に入っては郷に従え」でメジャーのやり方に慣れるしかありません。

そう腹をくくってからは、自分のできる範囲で、できるだけ球数を増やしていくことを考えるようになりました。

毎日行うキャッチボールもちょっと多めに投げたり、最後に相手に座ってもらって軽いピッチングをしながら変化球のチェックをしてみたり。

そういったちょっとした工夫を毎日の練習に取り入れることで、メジャー流の調整法に合わせていきました。

また、シーズン序盤に与えられた「中継ぎ」という役割も、メジャー流に慣れるうえで大いに役立つ経験となりました。

メジャーの中継ぎ投手は、日本に比べると圧倒的にブルペンでの投球数が少ないです。僕も中継ぎをしているときは、10～15球を放った程度でマウンドへ上がっていました。

日本の中継ぎの場合は登板前に一度肩をつくり、その後休憩しながらベンチからの指示を待ちます。試合の展開によっては、ベンチからの指示がある前に「備えておけ」ということで、また肩をつくったりもします。

しかも日本では中継ぎの3連投、4連投は当たり前ですが、「メジャーでは3連投したらその後2日は空ける」とか「35球以上投げたら連投はさせない」など、ピッチャーの故障を未然に防ぐための決まりが設けられています。

このようにメジャーでは、とにかくピッチャーに無駄球を投げさせることをしません。

日本のやり方に慣れていた僕にとって「少ない球数で肩をつくる」ことが何よりの課題となっていました。

しかしこれが不思議なもので、メジャー流の中継ぎに慣れてくると、10～15球程度のピッチング練習でも肩ができあがるようになっていきました。

もし僕が、日本でやっていた頃の野球界の常識や調整法にこだわっていたら、メジャー1年目は、先発はおろか中継ぎとしてもチームに貢献できずに終わったかもしれません。

新たな環境に置かれたとき、それまでの固定観念を捨て、ときには考え方をリセットすることで体は自然と慣れていきます。

これは決して難しいことではありません。

あえて大胆に開き直ることで、道が拓ける場合が少なくないのは、僕の経験が証明しています。

〝野球小僧〟の感覚を思い出して、物事に挑んでみる

日本の春季キャンプは朝から夕方まで、ほぼ丸1日かけて行われます。なかには夜間練習を行う選手もいたりしますが、メジャーはまったくの正反対。練習量はとにかく少なく、全体練習はだいたい午前中で終わってしまいます。

8時から簡単なアップをはじめ、9時から全体練習に入ります。キャッチボールや投内連係ノック、ブルペンでの投球練習などを行い、12時には練習終了。午後は各自でウェイトトレーニングなどを行います。毎日がこんな具合です。

ただ、メジャーのキャンプには休日がありません。これがキャンプ後半にじわじわと心身の疲労としてあらわれてくるのですが、シーズン中は10連戦、20連戦も珍しくないメジャーだけに「これは慣れるしかない」と思うようにやりました。

ただ、休日がないかわりに「投げない日」や「ランニングをしない日」が設けられています。ランニングは短距離、中距離、ロングを3日間かけて行い、4日目はお休み。ブルペン

でのピッチングも2〜3日に1回というスケジュールでした。

日本のキャンプは「4勤1休」「5勤1休」が主流で、休みの日に気分転換も行えます。

しかしメジャーのキャンプにはそういったメリハリがないので、はじめて参加した僕には体の疲労もさることながら、精神的な疲労のほうが大きかったように思います。

メジャーの選手たちはよく言えばおおらか、悪く言えば大雑把なところがあります。

たとえば日本では練習前のアップ（ランニングなど）はアップシューズで行いますが、メジャーではみんな最初からスパイクを履いています。

合理的と言えば合理的なのですが、彼らが最初からスパイクを履く最大の理由は「いちいち履き替えるのが面倒だから」です。

スパイクを履くときだっていちいち紐を解いたりせず、結んだままの状態で履いたり脱いだり。一事が万事、こんな調子なのです。

しかし、メジャーの野球に溶け込むには、とにかくメジャーのやり方に慣れるしかありません。僕は流れに抗わず、身を委ねることに徹しました。

ブルペンでの投球数も圧倒的に日本より少ないため、調整に若干の不安を感じていたら、実はピッチングコーチが「投げたいなら、もうちょっと投げてもいいぞ」と言ってくれました。

コーチからの言葉はありがたかったのですが、僕はメジャーのやり方に合わせてみようと思いました。メジャーのやり方に慣れることできっと見えてくるものがあるはずだ。そんな確信が僕にはあったのです。

キャンプでは休みがないうえに、オープン戦がはじまれば毎日試合です。少ない練習量のなかでどうやって調子を上げるか、休みがない代わりにどこで抜くか。そうやってメジャーに合わせるための試行錯誤の日々が続きました。

メジャー流に合わせるために、完全に頭の切り替えができたのはシーズンがはじまってからでした。

中継ぎという役割を命じられ、ブルペンで毎日を過ごしながら「なんでメジャーのピッチャーたちは少ない練習、少ない投球数で自分の持てる力を発揮できるのか」を考えました。練習量は僕から見ると少ないだけで、彼らにとっては当たり前の量です。だから僕も「これが当たり前」と思うようにしました。

すると気持ちが少し楽になり、「そんなに練習をする必要はないんだ」と考えられるようになったのです。

何事においても「前のやり方でなければダメだ」ということは決してありません。それは、〝固定観念〟でしかないのです。

「まずは、新しい方法や習慣にチャレンジしてみて、ダメならまた工夫すればいい」といった、柔軟な考え方になればいいと思います。

頭が柔らかくなれば、体も自然とそれに順応しはじめます。それからはリラックスした状態でブルペンでの準備ができるようになり、ある日ふと、こう思うに至りました。

「『今から野球をやるぞ』と言われたら、言われたとおり野球をすればいいんだ。子どもの頃に野球をやっていた感覚に戻ればいいんだ」と。

子どもの頃は「野球やろうぜ」と友達に誘われれば、すぐに野球ができました。あの頃の感覚に戻ればもっとシンプルに野球に取り組めるはず。僕はそう考えました。

もちろん、ケガのないよう、ストレッチなど最低限の準備はしておきます。

そのうえで、気持ちを「いつでもOK」の状態にしておくだけで余計な悩みは減り、心身ともに余裕を持った状態で試合に臨めるようになっていきました。

「シンプル・イズ・ベスト」という言葉がありますが、思考も動きも〝シンプル〟であることが一番しなやかでなおかつ強靱です。

人間の悩みというものは〝複雑さ〟から生まれる場合が往々にしてあります。そんなときこそ自分のもといた立ち位置に返り、物事をシンプルにとらえてみる。

そうすることで問題の解決法というのは意外に見えてきたりするのです。

頭であれこれ考えるより、自分の体を〝察知する力〟を磨く

メジャーの練習量が少ないのは、前項で述べたとおりですが、「練習量が少ない」ということは、当然のことながらランニングやダッシュなどの下半身を鍛えるトレーニングも少ないということです。

日本の野球は「下半身の強さ」が何よりも重要とされ、少年野球からプロ野球に至るまで「下半身を鍛えるためには、とにかく走りなさい」という指導がされています。特にピッチャーは「スタミナが命」ですから、とことん走らされます。

僕もプロ野球でやっていた頃は、練習のなかにランニングメニューを多く取り入れていました。中6日のスケジュールのなかで、登板した翌日はジョギング、2日目はランニングなし、3~5日目は外野のポール間ダッシュを多めに取り入れ、登板の前日は30メートル程度の短いダッシュ、そういったメニューを繰り返していました。

ところが、メジャーに来て、投手陣がとにかく走らないことに驚きました。

「きっと僕が見ていないところで、それぞれやっているんだろう」と最初は思っていましたが、陰でランニングやダッシュをしている気配はありません。

僕が〝メジャーに来てからの変化〟で、もっともとまどったのが、この「ランニング」の部分です。

野球に関しては、何事もメジャーのやり方に合わせるよう心がけていましたが、さすがにこのランニング量の少なさだけは、正直「どうしたものか」と不安になり、一時は日本流の調整を〝中4日版〟としてあらため、継続しようと考えました。

コーチ陣もその点は任せてくれていたので、実際にやろうと思えばできる環境にもありました。しかし、まわりを見渡すと、メジャーの一線級の投手陣は、ランニングを豊富に盛り込まないメニューで、長いシーズンを戦い抜いています。

僕とは、そもそもの体の違いや身体能力の差があるのはわかっていますが、同じ人間で、同じ野球人です。何より、「いったい彼らは、ピッチャーとしてのスタミナ（持久力）をどうやってつけているのか」という純粋な好奇心が湧いてきました。

ここでも、僕は「固定観念を捨てる」決断をしました。

このランニングの部分は、かなりの勇気がいりましたが、思い切って変化を受け入れることで、新たな発見もあるのではないかという期待感があったのも事実です。

とはいっても、ランニングをいきなり〝ゼロ〟にするのは難しいため、中4日のローテーションのなかで、かなりの量を減らし調整することにしました。

結果的には、体が慣れてくると、試合をこなしていくなかで、同時にスタミナを鍛えあげることができていた気がします。

それに、メジャーの先発は中4日のハイペースで登板がまわってきますので、時間的な制限や体の疲労度を考えても、登板と登板の間で、意識的にスタミナをアップさせることは難しいのではないかとも感じました。

実は、ランニングを極端に減らす際、「体に合わなければ、やめればいい」と楽観的に思っているところもありました。チャレンジしてダメなら方向転換して、自分の体が素直に「いい」と感じてくれるものを探し続けるつもりでした。

環境が変わったのですから、そこは体も正直です。

違和感があれば、何かシグナルを発してくれるはずですし、自分の体に敏感になることで、それをすぐに察知することができれば、大事に至る前に、対応策を練ることができます。

幸いにも僕は、ランニングの部分ではうまく適応することができました。

そして、ある意味〝気楽〟な心構えでいることが、ときとして物事をいい方向に進めてくれることを、あらためて学べた気がします。

第３章

信頼と自信を
つかみとるための心構え

迷いがなくなったとき、人は一気に成長する

スプリングキャンプで中継ぎ役を命じられ、暗闇のなかを手探り状態で進んでいた僕も、開幕から2ヵ月ほど経ってようやく、中継ぎの準備の仕方、肩のつくり方、ゲームの入り方というものがわかるようになってきました。

投げ続けることによって、ピッチングの質も自分がイメージするものにかなり近づけているという感覚がありました。

ストレート、スプリット、スライダーといった球種も「これならいける」という実感が出てきました。メジャーリーガーになって2ヵ月経ち、なんとか自分のイメージするボールが投げられるようになったのです。

中継ぎとして結果が出るようになった6月を経て、7月からは先発として登板する機会にめぐまれました。

しかし、最初の2~3試合は調子が安定せず、よかったり悪かったりといった状態。自分のピッチングがつかめそうでつかめない。初先発からしばらくは勝利も挙げられず、歯がゆさを抱えながらのピッチングが続きました。

そんななか、初先発から5試合目、7月30日にセーフコ・フィールドで行われたトロント・ブルージェイズ戦で僕はメジャーで先発として、初勝利を挙げることができました。

自分のなかでは、それまでの4試合ほどで「もうちょっとで自分のピッチングができる」と感じていたので、初勝利は時間の問題だと思っていてあまり焦りのようなものはありませんでしたが、やはり試合が終わったときは本当に嬉しかったですし、心からホッとしたのをよく覚えています。

7月に入ってから先発を任されることが多くなっていた僕は、メジャーではじめて得た「先発」という役割を絶対に逃したくありませんでした。

毎回、「この試合で敗戦投手になったら、自分はまた中継ぎに戻される」と、それくらい、あえて自分自身にプレッシャーをかけて試合に臨んでいました。

ブルージェイズ戦で僕は、1回表に先頭打者のラジェイ・デービスにいきなりホームランを浴びました。

見ていた人たちはきっと「岩隈、大丈夫か？」と思ったに違いありません。いいとも、悪いとも言えない中途半端なピッチングを数試合続け、この試合でも初回から被弾したのです。地元のファンから「これは今日もダメか……」と思われても仕方がない状況です。

しかし、先頭打者にホームランを打たれたのにもかかわらず、僕の気持ちはとても落ち着いていました。

「低めをていねいに突いていけば、絶対に大丈夫」という、確信めいた予感すら抱いていたのです。

2回にもバント処理のミスからランナー一・三塁のピンチを招きましたが無失点に抑え、以降、毎回のように三振を取ることもできました。

結局、この試合で僕は8回を投げ4安打1失点。ブルージェイズ打線から13三振を奪い、4対1の勝利に貢献することができたのです。

メジャー1年目を振り返ったときに、このブルージェイズ戦が僕にとっての大きな転換点となったのは間違いありません。

それまであった迷いが、この試合ですべて吹っ切れたと言っていいかもしれません。

ウェッジ監督はこの試合以降、僕をローテーションの一角として考えてくれましたし、ブレイク・ビーバンをはじめとするマリナーズの若手ピッチャーが「クマ（僕のメジャーでの愛称）、こういうときはどうしたらいいんだ?」と積極的にコミュニケーションをとってくれるようにもなりました。

監督をはじめとするマリナーズのスタッフと選手たちは、この試合まで、少なからず不安があったと思います。

「岩隈は、本当に先発としてやっていく実力があるのか?」

ブルージェイズ戦での好投は、そういったチーム内の僕に対する疑念をも取り払ってくれたと思います。

いや、もしかしたらこの試合は、僕が自分自身に対して抱いていた疑念を払拭してくれたのかもしれません。

「俺は本当にメジャーでやっていけるのか?」という胸のなかのモヤモヤとしていた疑念が、「これならメジャーの先発としてやっていける」という確信に変わりました。

すべての歯車がようやく噛み合ってきた。そんな感じでした。

迷ったままでは人は成長できませんが、準備と努力によってその迷いを克服したときに人は、それまでの自分よりひとまわりもふたまわりも大きく成長できるのだと思います。

本当の信頼は、結果でしか勝ち取れない

ピッチャーというポジションを務めるうえで、一番必要とされるもの。

それは「周囲からの信頼」だと僕は思っています。

ピッチャーは、チームメイトはもちろん、監督、コーチなどまわりの人たちから信頼されてはじめて持てる力のすべてを発揮することができます。

もちろんほかのポジションも同じなのですが、特にピッチャーはそういう側面が強いと思います。

では、周囲から信頼されるようになるにはどうしたらいいのでしょうか?

環境の違い、立場の違いによって、信頼されるための方法は大きく異なってくると思いますが、僕のようなプロ野球選手の場合、信頼を得るためにもっとも必要とされるものは「結果」です。

ピッチャーの仕事は、速い球を投げることや、ものすごい変化球を投げることではありません。

いくら速い球を投げることができても、巧みな投球術を持っていても、「打者を抑えること」、ようは「結果を出すこと」ができなければ、チームに信頼されることはありません。

第1章で述べましたが、はじめて臨んだスプリングキャンプで、僕は日本流の「開幕に間に合えばいい」という感覚で調整を行っていました。

ウェッジ監督から「ロングマンでいく」と言われたときに、はじめて「自分に何が求められていたのか」に気づきました。

メジャーでなんの実績もない僕は、オープン戦で監督、コーチ陣を納得させられる結果をとにかく出さなければならなかったのです。

日本のプロ野球でも結果が重要なのは当然ですが、メジャーではよりその傾向が強いように思います。結果が出なければ容赦なく切り落とされます。

メジャーではシーズン中のトレードや解雇も珍しいことではありません。ドライと言えばドライですが、それがプロの世界であり、スプリングキャンプでの僕は、その自覚が足りなかったのです。

逆にメジャーでシーズンをとおして結果を残せば、次のシーズンのオープン戦で多少成績が悪くても落とされることはありません。実績がものを言うのはメジャーもプロ野球もまったく同じです。


メジャー1年目を終え、僕はマリナーズとの契約を延長することができました。

しかし、僕はまだ監督やコーチはもちろん、ファンをも納得させられる実績を残していないと思っています。

本当の意味で、僕の真価が問われるのはこれからであり、契約を延長できたものの2年目の成績が悪ければ、自然と難しい立場となるはずです。

日本での実績など、メジャーではまったく意味を持ちません。

メジャーで結果を出してこそ、周囲からの信頼も得られますし、真のメジャーリーガーとして認めてもらえるのです。

とにかく結果を残す。数字を残す。

今シーズンは、そうした決意で挑んで、さらなる信頼を勝ち取りたいと強く思っています。

手本になる教材は、誰の近くにも存在する

「メジャーの世界は厳しい」

渡米する前からあらかじめわかっていたことではありますが、スプリングキャンプで僕はそのことを強く実感しました。

最初はたくさんいた選手たちが、日に日に少なくなっていきます。

「この選手、すごいな」「いいもの持っているな」と思うピッチャーもたくさんいましたが、気づくといつの間にかキャンプから姿を消していました。まさにサバイバルゲームです。

オープン戦で結果が出なければ、即マイナーに落とされます。

若い選手たちはみな、ＭＬＢ登録拡大枠の40人に生き残りをかけて必死にプレーしていました（※ＭＬＢ登録枠は25人）。

２０１１年にマリナーズでメジャーデビューを果たし、２０１２年にブレークしたカイル・シーガーという内野手がいます。

若手の有望株とみなされているシーガーは2012年シーズンに20本塁打、86打点を記録し、マリナーズにとってなくてはならない存在へと成長しました。

僕はキャンプではじめて見たときから、彼を「いい選手だな」と思って見ていました。バッティングにしろ、守備練習にしろ、何をするにも常に全力プレー。アグレッシブにグラウンドを走りまわっていたのです。

彼のさらなる可能性を感じたのは、彼がオープン戦で放った1本のホームランでした。3ボール、2ストライクのフルカウントから甘く入ってきた球を、彼は見逃しませんでした。彼がバットの芯でとらえた打球は大きな弧を描き、右中間フェンスの向こう側へと消えていきました。

メジャーのキャンプでは、実績を残している選手でもない限り、オープン戦で結果を出さなければ40人枠から振るい落とされます。

シーガーも生き残りをかけて戦う若手のひとりでした。確実に結果を残そうとするあまり、フルカウントの状況で当てにいくバッティングになってもおかしくないところです。

しかし彼はいつもの練習どおり、躊躇《ちゅうちょ》なく、フルスイングでボールを打ちにいきました。

彼の積極性、勝負強さが見事に爆発した瞬間だったのです。

シーガーは、その後のオープン戦でも何本かホームランを放ち、40人枠に残るためのサバイバルゲームに勝ち残りました。

シーズンに入ってからも、彼のプレーは「絶対にマイナーには落ちない」「レギュラーポジションを確立する」という熱意に満ちあふれていたように感じます。

彼は、キャンプのはじめからシーズンの最後まで、常に必死に全力でプレーしていました。その結果、彼は20本塁打、86打点という素晴らしい成績を残し、サードのレギュラーポジションを確保し、いなくてはならない選手へと成長したのです。

こういう姿勢の選手は、やはり見る者すべてを魅了します。

シーガーのこうした姿勢は見習いたいですし、大事なものを教えてもらいました。

彼は2013年シーズンも真摯に野球に取り組み、あの全力プレーでファンを魅了していくことでしょう。

彼と一緒にプレーできることを誇りに思うし、彼がマリナーズの看板選手になる日もそう遠くないように僕は思います。

みなさんもまわりを見渡せば、僕にとってのシーガーのように、自分自身の教材になるような人がいるはずです。

自分にないもの、足りないものを気づかせてくれる人は貴重な存在です。

素直な気持ちで相手のよさに目を向けることが、自分の成長に直結していくのです。

自分が信頼することで、平常心が保たれる

2004年、アテネオリンピックの野球日本代表として戦ったとき、23歳の僕は期間中ずっと緊張のしっぱなしでした。

はじめて体験した〝日本代表〟の重圧。だがこの貴重な経験が、僕をひとまわりも、ふたまわりも成長させてくれることになりました。

2009年に参加したWBC。

このときも、実は試合前は吐きそうなくらいに緊張していました。でもマウンドに上がると不思議と緊張感は心地よい感覚に変わり、ゲームに集中することができたのです。

アテネオリンピックのときと、WBCのときとでは、いったい何が変わったのか。

一番大きな変化は、僕の「チームプレー」についての考え方です。

アテネオリンピックのときの僕は、マウンドに上がる前から〝日本代表〟のプレッシャー

に負けていました。

多分、その頃の僕は「俺がなんとかしなければ」という思いが強すぎたのだと思います。ようはひとりで野球をやっていたのです。

しかしそれ以降、大阪近鉄バファローズ、楽天イーグルスで野球を続けていくうちに「野球はひとりでやるものではない」という当たり前のことに気づくことができました。

もちろん、幼い頃から野球の指導者には「野球はひとりでやるものではないんだぞ」と教えられてきました。でも僕はそれを言葉としてだけ受け止め、心に浸透させてはいなかったのです。「チームプレー」という言葉も、〝ひとりで投げているピッチャー〟にとってみれば、ストンと腹に落ちるものではありませんでした。

先発である僕の後ろには、中継ぎや抑えのピッチャー陣がいます。

マウンドに上がったときにまわりを見渡せば、8人の野手がいます。

「僕が何かミスをしたとしても、誰かがカバーしてくれる」

そう思えるようになってからは、ミスが全然恐くなくなりました。また、野手がミスをしたとしても「俺がカバーしなければ」と思えるようになりました。

ＷＢＣの日本代表には錚々《そうそう》たるメンバーが名を連ねていました。

城島さんのサインどおりに投げていれば抑えることができる、安打性の当たりでもイチローさんや青木（宣親）なら捕ってくれる、点を取られてもこの打線なら逆転してくれる、途中で降板しても（藤川）球児さんやダルビッシュが後ろに控えている……。

まずは自分がまわりを信頼することで、お互いの信頼関係が築かれることを僕はアテネオリンピック以降の野球生活で学びました。

そしてその信頼関係から生まれる安心感によって、僕は重圧のかかる場面でも緊張することなく、平常心を保てるようになったのです。

信頼関係が大切なのは野球だけでなく、あらゆる団体競技に言えることだと思います。

どんなに優れた技量を持つ選手が集まったとしても、そこに信頼関係がなければいい結果は生み出されません。

信頼されたいなら、まずは自分が信頼する。

今季、マリナーズでもこのことを忘れずに、長いシーズンを仲間たちとともに戦っていきます。

目の前のことに集中していても、いい結果が出るとは限らない

マリナーズでのメジャー1年目、僕はこれまで経験したことのなかった「中継ぎ」をすることで、ピッチャーとしての心構えや精神と肉体両面の準備の仕方など、先発でも大いに参考になることを学ぶことができました。

先発ピッチャーは「この日に投げる」ということが決まっているから、その登板日に向けて心身の調整をしていけばいいいですが、中継ぎは毎試合ブルペンに控え、常に急な登板のために備えています。

僕は当初、試合がはじまればいつ命じられるかわからない登板に備え、常に気持ちの張った状態でブルペンに待機していました。

しかしそれではとても精神的に持たないことに気づき、気持ちにメリハリをつけるようにしました。

たとえば、マリナーズの先発のなかでもエースのヘルナンデスと左腕ジェイソン・バーガ

スは滅多に大崩れしない、安定したピッチングのできるピッチャーです。

そのふたりが投げているときは、いつもより気持ちの張り方を緩やかにしたり、ほかの先発の場合でも試合の流れを見ながら気持ちを張ったり、緩めたり、こまめにコントロールするようにしました。中継ぎをしながら、そうやって気持ちにメリハリをつけることで、ここぞというときにより集中力を高めるやり方を学んだのです。


気持ちにメリハリをつけることの大切さに気づいたのは、ブルペンに控えているほかの投手陣の過ごし方を毎日観察していたからです。

ストレッチをしたり、軽くジョギングしてみたりとひとりひとり準備の仕方、気持ちの高め方は違うのですが、それぞれにメリハリがあって、そのどれもが僕にはとても参考になりました。リラックスしているときは、「本当にこれから投げるの?」というぐらいのテンションで、ブルペンに笑い声が響いていたほどです。

中継ぎを経験することで、「目の前の〝ひとつ〟に集中したからといって、いい結果が出るとは限らない」ということを学んだのです。

目の前のことに集中しすぎるということは、まわりが見えなくなってしまうということでもあります。

野球に限らず、あらゆるスポーツにおいて「まわりの見えない状態」になってしまうのは致命的です。

いい集中の仕方をすれば、目の前のことにとらわれず、全体の流れを冷静に見渡せる感覚を持つことができます。

イメージとしては、試合全体の流れに注意しながら、自分の出番や、出番が来そうなときに一気に〝集中の範囲〟を自分の半径数メートルぐらいに狭めているような感じでしょうか。

気持ちが張りっぱなしの状態でも、緩みっぱなしの状態でも「いい集中」をすることはできません。

気持ちにメリハリをつけることで、「いい集中」は保たれるのです。

気合い十分で心身ともにエネルギッシュな状態なのに、物事がうまくいかない人は、常に肩に力が入って「空まわり」しているのではないでしょうか。

一度、自分の集中の仕方に目を向け、見直してみるのもひとつの手です。

適度に力を抜くことで、まわりがよく見えるようになり、「ここぞ」というときに自分の力を発揮できるようになるはずです。

「心の余裕」が新しい武器を生む

メジャー1年目のシーズンは、ときが経つにつれ自分のなかに「心の余裕」が生まれ、ピッチングにも幅が出てきました。

それまではメジャーの使用球にもマウンドの硬さにも慣れず、バッターもはじめて対戦する選手ばかりで何もかもが手探りの状態でした。

しかしいろんなことを経験し、ある程度メジャーの雰囲気に慣れてくると、プロ野球でやっていた頃のように、バッターとの駆け引きを楽しめる感覚が出てきました。

メジャーの野球に慣れ、気持ちに余裕ができたことによって、ピッチングの組み立てにいろんなパターンを試せるようになったのです。

気持ちに余裕が出てきたのは、メジャーの各バッターの分析、理解が進んだことが一番大きいです。

各バッターと何度か対戦するうちにそれぞれの特徴やバットの軌道というものが理解でき

たため、自分のボールをどこに投げれば打ち取れるのか、感覚としてわかるようになったのです。

日本にいた頃と今とを比較して、投球術として大きく異なる点は「動くボール」の使い方だと思います。

たとえばシュート系であれば、日本時代は右打者のインコースに投げて内野ゴロに打ち取る、あるいは左打者であればアウトコースに逃げる球を放って三振を奪うというように、動くボールはいわゆる〝勝負球〟的な使い方をしていました。

しかしメジャーでは「動くボール」の使い方はもっと多岐にわたります。早いカウントから様子見に使うこともあれば、バッターの反応を見るために遊び球として使うこともあります。

これは、日本時代と比べ「動くボール」が「より動く」ということ、メジャーでは特殊な球種ではないということが主な理由ですが、明らかに多くなっています。

動くボールのなかでも、「ツーシーム」は使う頻度が増加した球種です。

積極的に初球からも使いますし、途中で2球、3球と続けることもあります。

キャッチャーのサインがストレートであったとしても、「ここはゴロを打たせたいな」というときは、ボールに微妙な変化を加えることもできるようになりました。

これまでのイメージで言えば、きっと僕は〝フォークボールピッチャー〟ということになるのだと思います。

もちろんフォークボールは今でも僕にとって大切な球種であることに変わりはありません。でも今はさらにプラスアルファの存在としてツーシームもあれば、カーブもあります。

2年目のシーズン、僕がもっとピッチングの駆け引きを楽しめるようになれば、結果は自然とついてくると思っています。

自分の役割と武器がわかっていれば、決して「心の余裕」から「慢心」や「過信」が生まれることはないでしょう。

「心の余裕」は人生に、さらなるアイデアやモチベーションをもたらしてくれる大切な要素だと言えます。

悪いときは悪いなりに、そのときの〝いいもの〟を見つける

「人生、山あり谷あり」とよく言いますが、僕の人生もいいときもあれば悪いときもありました。

そして、それはピッチングに関しても言えることです。

いくらプロの選手とはいえ、「いつもいい状態」で試合に臨むのは不可能に近いことです。試合当日の好不調は誰にだってありますし、体調だって1年中、万全というわけにはいきません。逆に言えば、どんなプロ選手であれ、必ず何かしらの不安を抱えながら戦っているということです。

僕は長いプロ生活のなかで、悪いときは悪いときなりに、どのように立て直したらよいかを学んできました。

たとえば、初回、2回と投げていて、ストレートも変化球もキレがイマイチだったとしま

す。そんなときは、悪いなりにその日はどの球種が一番いいかを探っていきます。

そして、そのなかで「これ」という球種を見つけたら、そのボールを主体にピッチングを組み立てていくようにするのです。

全球種の調子がよくないと言っても、ひとつくらいは使えそうな球種が必ずあります。コントロールを考えてみたとき、ストレートのコントロールが悪くても、変化球のコントロールはまずまず、という場合もあります。

そのときどきで一番使えそうな球種やコースをチョイスし、ゲームのなかで修正しながら対応していくのです。


そうやってちょっと修正するだけで、驚くほどピッチングがよくなっていくことがあります。ひとつの球種がよくなったことで、それがほかの球種にもいい影響を及ぼしてくれることがあるのだから不思議です。

すべての試合で、こうした修正がうまくいくとは限りませんが、実戦のなかで修正を続けていくことで少なくとも好不調の波は小さく抑えられます。

プロである以上、浮き沈みはできるだけ少なくしていかなければなりません。

また、「なんか、テンポが悪いな」と感じれば、ピッチングの〝間〟をあえて早めたりもします。見ている人には、ほとんどわからないかもしれませんが、ピッチャーはなんとかして勝利を手繰り寄せるために、試合のなかで微調整を繰り返しているのです。

実は、試合前のブルペンでのピッチングはよかったのに、いざマウンドに上がったら「調子は最悪」ということが結構あります。

また、ブルペンでは最悪の状態だったのに、マウンドに上がったらいいピッチングができたことも度々あります。

ブルペンで投げる感覚と、実戦でバッターに投げる感覚はまったく違います。

だから僕はブルペンでの調子がよくても悪くても「今日はいけるぞ」「今日はダメだな」とは思いません。

「あくまでも、勝負は実戦の舞台に立ってから」

そして、そこからその日の調子を判断し、修正を加えていくようにしています。

ピッチングの勝負は決して自分の調子では決まりません。相手があることですので、仮に調子がよくても悪くても、いかに相手打者を抑えるかを考えるようにしているわけです。

最初は誰とでも、信頼関係はゼロ

2012年のシーズン、マリナーズは主に3人のキャッチャーを使いわけながら戦っていました。

モンテーロとオリボはベネズエラ、ジェイソはアメリカ出身。

それぞれに個性豊かな面々ではありますが、3人とも僕と積極的にコミュニケーションをとろうとしてくれました。

移動のときはいつも席が近かったこともあって、チームメイトのなかでもこの3人とはいち早く親密になることができました。

ピッチャーとキャッチャーはお互いに理解が進めば、グラウンドのなかでボールをやり取りするだけで相手が何を考えているのか、何をしようとしているのかがわかるようになります。

しかし、知り合って間もない関係では、キャッチボールだけで意思疎通を図ることはなかなか難しいものです。

だからこそ、グラウンドのなかだけでなく、試合の前後や移動中にコミュニケーションをとることが大切になってくるのです。

第2章で少し触れましたが、マリナーズの3人のキャッチャーも、新参者の僕に対して最初はすべてが手探りだったように思います。

ピッチャーをリードするにも、そのピッチャーがどんな球種を投げ、変化球はどのような変化をするのかを理解しないと、キャッチャーはピッチングの組み立てができません。

だから3人のキャッチャーとそれぞれバッテリーを組んだばかりの頃は、「なんでこのカウントで、そのボールを要求するんだろう」というサインを出されることが少なくありませんでした。

日本では、バッターを追い込んでからカーブを投げることなど決してなかったのに、コミュニケーション不足だったシーズン当初は、そのような要求も珍しくありませんでした。

そこで僕はコミュニケーションをとっていくなかで、自分の得意とする球種やカウントごとの組み立てなどをキャッチャー陣に伝えるようにしました。

すると、積極的にコミュニケーションをとることによって、だんだんとピッチングの組み立てが改善されていったのです。

それまではストレート主体だったリードが、バッターによっては変化球から入るような組み立て方もしてくれたりと変化が見られました。そうなるまでには時間を要しましたが、お互いに苦労した分、わかり合ってからのゲーム運びはとても楽になりました。

バッテリーの息が合っていれば、そのリズムのよさはチーム全体にも波及します。僕の先発としての勝ち星のほとんどがシーズンの後半に集中したのは、いい流れの相互作用がもたらしてくれたものなのだと思います。

言葉の細かなニュアンスまでは伝わらない対外国人であっても、関係を深めようと努力することでわかり合えるのですから、日本人同士であれば、お互いが少しでも歩み寄ることで、間違いなくいい関係を築くことができるはずです。

3人のキャッチャーと意思疎通がしっかりと図れるようになると、それぞれのリードに違いがあることもわかるようになりました。

モンテーロとオリボはベネズエラ出身のラテン系であり、ジェイソはアメリカ人。アメリカ人のジェイソは配球の組み立て方が巧みで、ツーシームを使いながら打者のインコースをうまく攻めてくれました。

モンテーロとオリボのふたりはラテン系ということもあり、最初は僕のスタイル、特徴などは考えずにサインを出しているような印象があったのですが、慣れてくると彼らも実はそれぞれのピッチャーのことをよく考えてリードしてくれていることがわかりました。

ふたりとも僕の特徴がわかってくると、それまではストレート一辺倒だった初球に変化球が多くなり、逆に追い込んでから変化球と見せかけてストレートで打ち取るといったような〝日本的〟な配球もしてくれました。


「ピッチャーのことをよく考えたリード」といえば、僕には忘れられないキャッチャーがひとりいます。それは2012年に引退された城島健司さんです。

プロ野球で城島さんと同じチームになることはありませんでしたが、「日本代表」という形で僕は二度、城島さんとバッテリーを組んだことがあります。

城島さんのピッチャーに対する気遣いは本当にこまやかで、「自分だったら、絶対にそこまでできない」というものばかりでした。

たとえばキャッチャーがピッチャーに送るサインも、城島さんはピッチャーひとりひとりに合わせたサインを使っていました。言ってみれば、ピッチャーによって、すべてのストレートのサインを変えるということです。

ピッチャーは、それぞれの所属チームでいつも使っているサインに慣れています。だから城島さんは「ピッチャーに少しでもリラックスして投げてもらうには、使い慣れたサインのほうがいい」と考えたのでしょう。

城島さんは、それぞれのチームのサインを覚え、試合ではピッチャーごとに異なるサインを出していました。あそこまでピッチャーに対してこまやかな気遣いをする人を、僕は城島さん以外に知りません。

城島さんは素晴らしいキャッチャーですが、僕はメジャーで城島さんのようなキャッチャーを求めているわけではありません。

城島さんの気配りのきめこまやかさは、日本人ならではのものでしょうし、同じ日本人だからこそ、その気配りが心地よく感じられたとも言えます。

メジャーは世界中のトッププレイヤーが集う場所であり、それぞれの文化の違いを認め合ってこそ、個々の実力が「和」となり、チーム力となります。

日本のやり方にこだわっていたら、メジャーではやっていけません。

僕はメジャーで1年を過ごし、それを痛切に感じました。

アメリカでもなければ、中南米でもなく、アジアでもない。メジャーには「メジャー」という独特の文化が根づいています。土の違い、水の違いはあります。でも僕はそこに種を植え、僕なりの花を咲かせるつもりで邁進していきたいと思います。

第4章

観察し、考え、感じることで、不安は消える

とにかく観察して、正解を見つける

メジャー1年目の大きな転機となった7月30日のブルージェイズ戦で、僕は相手打線から13三振を奪うことができました。

三振のほとんどはスプリット（フォークボール）によるものでしたが、ブルージェイズ打線はおもしろいようにスプリットを空振りしてくれました。

キャッチャーのモンテーロがあまりにしつこくスプリットを要求してくるものだから、途中から「いくらなんでも、スプリットを投げすぎじゃないの？」と内心思っていたのも事実ですが……。

でも、モンテーロのその強気の組み立てが功を奏したのだと思います。終わってみればメジャーでの登板で最長の8回を投げ1失点、13三振を奪う好投ができました。

フォークボールは、日本時代から僕の「決め球」であり、僕の投手生命のカギと言ってもいい重要な球種です。

フォークがなければ僕はきっとプロ野球で活躍することも、メジャーリーガーになることもできなかったでしょう。

ただ、このフォークにしても最初からメジャーに対応できたわけではありませんでした。13三振を取ることができるようになるまでには、試行錯誤の長い道のりがあったのです。


シーズンがはじまったばかりの中継ぎの頃は、フォークボールを投げても、その軌道が自分の思い描いているイメージとはほど遠い結果になることばかりでした。

思ったとおりのコースに投げてもバッターは手を出してくれない。また、イメージどおりに落ちてもキャッチャーが捕ってくれないということもありました。

当初、僕は日本で投げていたのと同じように、ホームベースを狙い、そこでワンバウンドさせるようなイメージでフォークボールを投じていました。

ホームベースでワンバウンドしても日本のキャッチャーはそれをしっかり捕球してくれたのですが、アメリカではなぜか後逸が多く、「日本とアメリカでは何が違うのか？」と疑問に思っていました。

そこから僕の試行錯誤がはじまりました。

まわりをよく観察してみると、あることに気づいたのです。

エースのヘルナンデスや勝ち頭のバーガスの落ちる球を見ると、決してワンバウンドはさせていません。

キャッチャーの手前でワンバウンドするかしないかのギリギリのところに投げ、相手バッターから空振りを奪っていたのです。

ブルペンでも、日本時代のようなワンバウンドするフォークを投げてもピッチングコーチは決して褒めてはくれません。

でも、ヘルナンデスやバーガスが投げているような「ワンバウンドするかしないか」くらいのボールを投じると「いい球だ」と褒めてくれます。

そのことに気づいて以降、試合でも「ワンバウンドするかしないか」のボールを投げると、バッターは手を出してくれますし、キャッチャーもしっかり捕球してくれるようになりました。日々、観察を続けることで僕は日本とアメリカの「ボールの落とし方の違い」に気づくことができたのです。

7月30日のブルージェイズ戦の勝利は、そういったいくつもの「気づき」が積み重なることで生まれたのだと思っています。

闘いの場を客観的に見ることで、自分の生きる道が浮かびあがる

バントやスクイズといった小技と機動力を織りまぜた日本の野球は「スモールベースボール」と呼ばれています。

片やアメリカのメジャー・リーグのようにヒッティングで点を取っていく野球は「ビッグボール」と呼ばれ、スモールベースボールになじんできた日本人から見るとアメリカの野球はやや大雑把なものに映ると思います。

マリナーズの野球もご多分に洩れず、まさにビッグボールそのものでした。

シーズン中も、日本なら「ここでバントをすればチャンスが広がる」という場面でも打って出るシーンをよく見かけました。

アメリカの野球は、簡単に言えば「打ち勝つ」野球です。

野球文化の根底に「打ち勝つ」という考え方があるから、バントを多用することもないのです。

実際、マリナーズの野球を見ていても、これまでの経験に照らし合わせると「もったいないな」と感じる場面はありましたが、僕はアメリカの「打ち勝つ野球」を否定する気はまったくありません。

「打ち勝つ野球」ならではの醍醐味もありますし、僕の最大の役割である「試合をつくる」という意味では、どちらのベースボールでも、やることは変わらないからです。

あとひとつつけ加えておきたいことは、メジャー全体が決して「打ち勝つ野球」一色ではないということです。

実際にメジャーで戦ってみて、強いチームは「打ち勝つ野球」とスモールベースボールをバランスよく使いわけていることがわかりました。

強いチームは「ここぞ」という場面で小技も使いますし、機動力も使います。わかりやすく言えば「日本のような」野球をやってくるのです。

マリナーズと同地区であるアスレチックスは、能力が際立ったプレーヤーはそれほどいないものの、チーム力が優れている印象を持ちました。

ブンブン振りまわさずにコツコツと当ててくる。ピッチャーから見て、とても嫌な相手でした。

同じく、同地区であるレンジャーズとロサンゼルス・エンゼルス・オブ・アナハイムはリーグを代表するような強打者（レンジャーズにはジョシュ・ハミルトン、エンゼルスにはマイク・トラウト、アルバート・プーホルスなど）を抱えながら、重要な場面ではスモールベースボールも併用する野球をしていました。

両チームともに、1点の取り方が巧みなのです。

DH制のないナショナル・リーグはア・リーグと比べ、より日本の野球に近い気がします。特にワールドシリーズを制したサンフランシスコ・ジャイアンツとロサンゼルス・ドジャースは打力も優れているのですが、守りもいいです。

昨シーズンは、ジャイアンツが優勝したことでナ・リーグのチームがワールドシリーズを3年連続で制したことになりますが、これから先メジャーでも「守り勝つ野球」にポイントを置くチームが増えてくるかもしれません。

このように、僕の戦場であるメジャー・リーグの戦力を客観的に分析することで、自分の生きる道というものが、自然と見えてきます。

また、いろいろ考えていると、自分が与しやすいチームや選手は出てきますが、あくまでもそれはひとつの印象にとどめておくべきです。

案外、目の前の仕事に追われて忙しい毎日を過ごしていると、今自分のいる場所がどんなところなのか、ちゃんと答えられない場合があると思います。

業界の動きやライバル企業の状況など、仕事をするうえで必要な情報を、しっかりと頭に入れておく必要があります。

そうすることで、自分の能力を発揮するのに適した場所が自然とわかってくるはずです。

短所は「悪いところ」ではない。「少しだけ足りないところ」

人には、それぞれ長所と短所があります。

そしてそれが組み合わさることによって、その人の個性や魅力といったものが形づくられます。

シーズンオフに度々行っている野球教室には、野球の大好きな少年、少女たちが集まってくれます。

子どもたちを見ていると「この子は、いい能力を持っているな」という選手もいますし、「この子の、この部分はちょっと直したほうがいいな」という選手もいます。

「長所を伸ばすべきか、短所を直すべきか」

どちらに重点を置くべきかは、野球だけに限らず、すべての指導者、教育者たちの悩みどころであると思います。

僕の場合は、そのとき感じたままに臨機応変に、子どもたちの長所、短所に触れるようにしています。

長所を伸ばすことは、その人の可能性を引き出すうえで大切なことですし、短所を修正していくことも、苦手を克服しレベルアップしていくためには必要なことです。

そして、プレイヤーとしてうまくなっていくためには、目標を立て、そこに向かって長所と短所をバランスよく、伸ばし直していく必要があります。

あくまでも僕の考えですが、どちらか一方に注力すればいいという問題ではないのだと思います。

僕はこれまで、自分の短所というものをあまり意識したことがありません。

これは僕自身に「短所がない」からではなく、短所を「悪いところ」ととらえず、「ちょっと足りないところ」「欠けているところ」と思ってきたから、あまり意識しないでやってくることができたのです。

ある目標を立てたら、それに向かって長所に磨きをかけるとともに、足りないところ、欠けているところを補っていく。

そうすることで、それまでの自分よりレベルアップすることができ、次のステップへと進んでいくことができます。

この世に完璧な人間などいないのですから、誰にでも「ここはちょっと直したいな」という部分はあるでしょう。

そのひとつひとつを「完璧に直そう」とすると、逆に精神的にきつくなり全体のバランスが崩れていくことになってしまいます。

だから、自分を観察し、多少欠けている部分があってもいいから、できる限り足りないところを埋めていくような心構えでいることが大切です。

そうやって完璧を求めすぎるのではなく、足りない部分をちょっとずつ埋めていくことが、人生の階段を一歩一歩上っていくコツなのだと思います。

自分にしかわからない、自分の「感覚」を大事にする

メジャー・リーグは今、「ムービング・ボール」の全盛期を迎えていると思います。

日本のプロ野球からメジャー・リーグに移籍した野手（バッター）が、「『動くボール』に対応しないとメジャーではやっていけない」とよく口にしていますが、その「動くボール」こそが「ムービング・ボール」のことです。

ムービング・ボールとは、手元で微妙に変化する速球系のボールのことを言います。

僕の場合であればスプリット（高速フォーク）がそれに当たりますが、最近ではダルビッシュなどがよく投げているツーシームが主流になってきています。

ツーシームは、僕が投げるとシュート系の変化をするので、右バッターを内野ゴロに打ち取りたいときなどによく使うことは、先に述べたとおりです。

また、このツーシームはピッチャーの意図しない変化を見せる場合が多々あり、僕の場合もシュート系の変化をすることはわかっていますが、それがどれくらい曲がったり、落ちた

りするのかは実際に投げてみないとわかりません。

ツーシームはピッチャーでもどう変化するのかわからないのですから、バッターにしてみれば相当厄介な球種だと言えます。

マリナーズのヘルナンデスやケビン・ミルウッド（ケビンは残念ながら2013年2月に現役引退を表明しました）はカットボールの使い手ですが、彼らにカットボールの投げ方を聞いたところふたりとも、

「ナチュラルで曲がる」

と言っていました。

つまり、彼らはカットボールを投げようとして投げているのではなく、ストレートを投げたら、それが自然とカットボールになっているということなのです。

これもバッターにしてみれば途中までは、ピッチャーのモーション、ボールの軌道ともにストレートにしか思えないのだから相当に打ちづらいはずです。

日本でも最近はムービング・ボールを投げるピッチャーは増えてきてはいますが、メジャー・リーグに比べればまだまだ少ないです。

日本では昔からきれいな回転のストレート（いわゆるフォーシーム）が好まれます。僕も

少年野球時代から「きれいな回転」のストレートを投げるように指導されてきました。

マリナーズでいろんなピッチャーとキャッチボールをしましたが、ストレートの回転は本当に人それぞれです。

きっと彼らは、小さい頃からツーシームで投げるストレートの変化を楽しんでいるのではないかと思います。

そして、彼らを指導していたコーチもその手元で変化する速球を見て「きれいな回転のストレートを投げなさい」とは言わず、好きに投げさせていたのでしょう。

風潮の違いと言ってしまえばそれまでですが、アメリカは「これがストレート」「これが変化球」とあまり細かくこだわっていないような気がします。

球種に関してのいい意味での〝おおらかさ〟があるように思うのです。

もちろん、きれいな回転のストレートを投げるのは、指にボールが引っ掛かる感覚を磨くためにも大切なことです。

ただ、選手も指導者も「これがストレート」「これがカーブ」とあまりこだわらず、おもしろい変化をしたら「おっ、それいいね!」と楽しむくらいの余裕を持って変化球に接していけばいいのではないでしょうか。

あらゆるスポーツに「基本」というものはありますが、そこから大きく成長していくには

「自分の感覚」を大切にしていくしかありません。

ツーシームなどに代表されるように、同じ握り方をしても投げる人によってその変化は異なり、それこそがその人にとっての「感覚」となっていきます。

自分の感覚は、自分にしか磨けません。

そして、自分の感覚を大切にして、成長させていくべきだと思います。

誰かの言うことを鵜呑みにしたり、誰かに言われなければ動けないようでは、自分の感覚はいつまで経っても磨けません。

自分の感覚を信じて、主張を押しとおすことも、ときには必要なのだと思います。

「マイナス思考」は裏返せばいい

「岩隈さんの性格はポジティブですか？　ネガティブですか？」と聞かれれば、間違いなく「ポジティブな性格」と答えます。

だからこそ、自分の短所を「ダメなところ」とネガティブにとらえることはなかったですし、嫌なこと、辛いことがあってもそれを引きずらず、すぐに頭を切り替えて新たな局面に臨むことができました。

それに野球に関して言えば、小さい頃からずっと「野球が好きだ」という気持ちを大切にしてきたという自負があります。

ですから、常に〝前向き〟にとらえることができたのだと思います。

しかし、そんな僕も高校時代に一度、野球から離れそうになった時期がありました。

そのときは、「野球をやめよう」とさえ思いました。

高校に入学したばかりの僕は精神的に未熟で、実力を思うように発揮できない自分にイライラが募っていました。

「高校野球」という、独特の環境にも適応することができず、だんだんと野球そのものが嫌になってしまっていたのです。

野球をおもしろいと思えなくなり、結果的に野球から離れてしまいました。

今考えると、その頃の自分は「ネガティブな性格」になっていました。

何をやってもつまらない。

何を言われても、それを素直に受け取れない。

しかし、そんな僕のネガティブになっていた気持ちを洗い流してくれたのは、心の奥にあった「野球が好きだ」というポジティブな気持ちでした。

ほかにやりたいことができたのなら話は別ですが、僕はそのとき自分の「野球が好きだ」という気持ちに素直に従いました。

あのときもし、自分がネガティブなままの状態で野球をあきらめていたら、今とはまったく違う人生を歩んでいたことになります。

ポジティブな性格であるこの僕も、シーズン中に調子が悪くなったりすると多少ネガティブな思考になったりすることもあります。

ただ、僕の場合、そのネガティブな状態を一瞬で変えることができます。

たとえば、自分にとって分の悪いバッターを迎えたとき、「また打たれるかもしれない」とネガティブな考え方に陥ってしまったら、そこでもう気持ち的に負けてしまっているわけですから、バッターを打ち取れる確率はより低くなります。

僕はそんな場面を迎えたら「どんなにいいバッターでも4割は打てない。10回中、7回は必ず失敗する」と考え方を転換させます。

「マイナス思考」になっているのなら、その裏側を考えることで、一気に「プラス思考」にするのは簡単だと思います。

ポジティブな感情を思い浮かべることで、相手に向かっていく気持ちが高まり、より精度の高いピッチングができるようになるのです。

プロのピッチャーで、ネガティブに物事をとらえる人はほとんどいません。

やはりネガティブな性格では、プロの世界で大成することは難しいということなのでしょう。

それは、どんな世界においても同じだと思います。

〝ネガティブな性格〟はどんな人にもあらわれます。

それを転換することを意識するのです。

何事も自信を持ってポジティブに。どんな道であれ、成功するためには〝ポジティブさ〟が欠かせない要素なのは間違いありません。

「先入観」は「なんとなくのイメージ」でとどめておく

2013年のシーズンから、マリナーズの本拠地であるセーフコ・フィールドのグラウンドの大きさが変わります。

今まで、セーフコ・フィールドは左中間が右中間に比べ広く、右打者に不利な球場とされてきました。

しかし、改修後は左中間が大幅に狭くなるため、右打者の不利が是正されるのではと期待されています。

さらにライト方向も多少狭くなるので、「投手には不利だ」という意見もあります。

いずれにしても僕は、球場が狭くなろうが広くなろうがあまり気にはしていません。

僕自身、球場の好き嫌いがあまりないように、球場の大きさが僕に心理的影響を及ぼすことはなく、それは日本にいた頃から一貫した僕のスタイルでもあります。

「あの球場は狭くてホームランが出やすいから気をつけよう」「あそこは広いから大丈夫」と、

いちいちまわりの環境にとらわれてピッチングをしていたら、それは自分のピッチングではなくなってしまいます。

そもそも、メジャーのバッターは打線の上位、下位関係なく、ボールをバットの芯でしっかりとらえさえすれば、どんな球場でもスタンドに運ぶパワーを持っています。

ですから、ピッチャーとしてはどんな球場であろうとも、またどんなバッターであろうとも、芯を外すピッチングを心がけていけばいいのです。

固定観念や先入観といったものは人間の思考の基となっていますが、そこにあまりにとらわれすぎると自由な思考や動きが制限されてしまいますし、成長の妨げにもなってしまうと思います。

つまるところ、それは自分で自分の可能性を狭めているだけになります。

「この球場なら大丈夫」「ここは危険」などと環境を気にするのは、固定観念や先入観にとらわれている証です。

正直に話すと、メジャーに来る前、テレビなどで見るメジャーのバッターはみな大雑把に見えていました。

「結構、簡単に抑えられるんじゃないか？」

と思っていたぐらいです。

しかし、僕のそんな先入観はアメリカに来て見事に覆されました。実際に対戦したメジャーのバッターは、テレビをとおして見ていたバッターとはまったくの別物でした。

彼らは日本人と比べるとバットスイングがダイナミックなので、大雑把に見えたりするときもありますが、実はとてもこまかく、思考と動きの対応も素早いです。

自分の拙さを説明しているようでなんとも恥ずかしい限りですが、先入観とはこれほどまでに当てにならないものなのです。

何かを見たり、聞いたりしたとき、人はどうしても先入観を持ってしまいます。それはしょうがないことでもあります。

しかしそこにとらわれないよう、常に留意するのはとても大切なことです。

そのためには先入観を持っても、あくまでそれを「イメージ」程度にとどめておき、固定観念にまで成長しないようにすればいいと思います。

現場感覚を忘れずに、実際に見聞きしたこと、肌で感じたことから判断し、対応していく。

それが結果として、その人の可能性を広げることになるのです。

スケジュールは大雑把に。「目安」であって「目標」ではない

目標を達成するために、一生懸命努力をするのは当然のことです。

ただ、その努力も的外れなことを続けていたら、すべては水泡に帰してしまいます。

僕は大きな目標の下に、別の目標をいくつも持つことが大切だと思っています。

僕にとっての第一の目標。それはもちろんチームの優勝です。

そしてその下に「ローテーションを1年守る」「二桁勝利」といった目標がいくつも並びます。

大きな目標とは長い月日をかけて達成するもので、そのスパンが1年の人もいれば、2年、3年の人もいるでしょうし、もっと長い人だっているかもしれません。

〝大きな目標〟の下に来る〝小さな目標〟は半年だったり1ヵ月だったり。もっとこまかくして1週間ごとの目標を立てたっていいと思います。

エベレストなどの高山に登る登山家たちはまず体力をつけ、さらに高山病にならないように酸素の薄さにも慣れなければいけません。

いざ登山がはじまっても、いきなり頂上を目指すようなことはせず、基地となるベースキャンプを張り、そこから第1次キャンプ、第2次キャンプとちょっとずつ距離を延ばし、天候のいいときを見計らって頂上にアタックをかけます。

登山の場合の大きな目標は〝頂上〟であり、「体力をつける」「低酸素に慣れる」といった小さな目標が積み重なることでその大きな目標は達成されます。

どんな環境に生きている人であれ、目標の立て方は登山の場合とまったく一緒です。目の前の目標をクリアし続けたその先に、大きな目標が待っているのです。

メジャー2年目のキャンプインを前にした、僕の小さな目標は、「開幕ローテーション入りする」ことでした。

そしてそのためにはオープン戦から結果を出すことが求められ、さらにオープン戦でいいピッチングができるようにするためには、肩も例年より早めに仕上げる必要がありました。

そんなふうにして、小さな目標をいくつも設定していますが、実のところ自主トレでは「この時期はこのトレーニングをして、次の段階になったらこのメニューをこなす」というような詳細なスケジュール、トレーニングメニューは組みません。

今までもそうだったのですが、僕は実際に体を動かしていくなかでトレーニングメニューをその都度考えていくタイプです。

「自主トレでは毎年このメニューをこなす」というようなルーティン的な組み方はしません。

1年前と今の僕は、肉体的にも精神的にも異なっています。

体力も考え方も異なるのに、同じやり方にとらわれてしまったら、せっかくの成長が妨げられてしまうようで嫌なのです。

綿密なスケジュールを立ててしまうと、スケジュールをこなすことが「目標」になってしまい、その先にある〝本当の目標〟を見失ってしまうことにもなりかねません。

旅行に出かけた際、スケジュールをぎっしりと詰め込んでしまえば旅先の観光がおざなりになり、名所旧跡などの雰囲気を楽しむどころではなくなってしまうのと同じです。

旅の醍醐味は現地の人たちとコミュニケーションをとりながら、その土地の歴史や雰囲気を肌で感じていくことだと思います。

スケジュールに追われるような旅行では、そんな旅の醍醐味を味わうこともできません。スケジュールというのはあくまでも物事をスムーズに運ばせるための「目安」であって、「目標」ではないのです。

僕の自主トレでのメニューの組み方は、言葉は悪いかもしれないですが「適当」です。

自分の体と相談をしながら「これが足りない」と思えばそれを補うためのトレーニングを

します。

常に基準となるのは「今の状態」であり、必要なものは取り入れ、不必要なものはどんどん外していく。そうやってひとつずつクリアしながら僕はやってきました。

プロ野球もメジャーも戦いは長丁場です。甲子園の高校野球やWBCのような短期決戦であれば綿密な計算のもと、一点に集中しスケジュールを立てていくこともできますが、長いシーズンを戦い抜くには紆余曲折を経ても「大きな目標」にちゃんと辿り着けるような柔軟性が求められるのだと思います。

そんな柔軟性を保つうえでも、スケジュールは「適当」なくらいがちょうどいいと思っています。

もちろん、このスケジュールの設定方法は、万人の方に共通する考え方ではありません。

重要なのは、自分の経験から判断し、もっとも効果的なスタイルを確立することです。

とにかく、誰になんと言われようと、自分が自信を持って取り組める方法を見つけることこそが、目標にたどりつくために必要な姿勢なのです。

「相性のいい、悪い」ではなく、たかが「確率」の問題

「このバッターには、なぜかどこに投げても打たれてしまう」

そんな「相性の悪さ」を感じさせるバッターはたしかに存在します。

数字に、如実にあらわれる場合もあります。

しかし、僕は「相性のいい、悪い」については意識しないようにしています。

ピンチで相性の悪いバッターを迎えたら、敬遠を考えたくなるのが普通かもしれません。

でも僕は、たとえ相性の悪いバッターが相手でも、いつもと変わらずに攻めていきます。勝負を挑み、その結果負けてしまったのならしょうがない。そんなふうに割り切っているのです。

反対に、自分が比較的いつも抑えている「相性のいい相手」に対しても、決して相手を下に見るような意識は持ちません。

「相性のいい、悪い」というのは、所詮「結果論」なのです。

「相性のいい相手」にアンラッキーなヒットを打たれてしまうことはありますし、「相性の悪

い」相手でも、運よく三振に取れることだってあります。

最終的には、相性の「いい、悪い」はあまり関係なく、あくまでも「確率」の問題という結論に達するのです。

「相性がいい」ということは、打ち取れる可能性が高いということでもあります。

打ち取れる可能性が高いということは、自分のこれまでの攻め方が合っているということなのですから、自信を持ってどんどん攻め続ければいいのです。

「相性のよさ」を過信し、相手を格下だと思って挑んだりすると、足元をすくわれてしまいます。それは油断から生じた「隙」につけ込まれてしまうからです。

「相性がいい」ということは、ある意味相手にたくさんの「隙」があるということです。

本来はその隙を徹底的に攻めていかなければいけないのに、逆に相手につけ込まれているようでは話になりません。

自分の思ったとおりのボールを投じてもヒットを打たれてしまうことはあります。逆に「しまった」と思うような失投をしても相手が打ち損じてくれることもあります。

であるならば、「相性のいい、悪い」をあまり考えず、限りなくヒットになる確率の低いボールを投げる。それが僕のなすべきことだと確信しています。

客観的な情報と、「感じる」情報を合わせる

1990年代、ヤクルトスワローズの監督だった野村克也さんが〝ID野球〟を提唱して以来、日本でも選手の「データ」というものがとても重要視されるようになりました。

プロ野球ファンのなかには「パワー主体のメジャー・リーグでは、データはそれほど重要視されていないんじゃないか」と思っている人もいるかもしれません。

正直、僕もアメリカに行く前は、それに近い印象を持っていたのですが、マリナーズに入ってからその考えは間違っていたことに気づかされました。

メジャーでもデータはとても重要視されています。

試合前のバッテリーミーティングでは相手打者のデータを逐一チェックし、傾向と対策が話し合われます。

ただ、僕はデータのすべてを信じ、それに則ってやっていくというやり方はしません。

データを頭に入れつつ、実際に対戦したときの打者のスイングや見逃し方といった〝肌で

感じたもの〟を大切にしながら、その都度対策を取るようにしています。

アメリカの球場にはベンチの裏にビデオルームがあり、そこで自分がどんな投球をしたのか、打者であれば自分がどのようなスイングをしていたのかを、プレーの直後でもチェックできるようになっています。

日本にはここまで整った設備はまだなく、最初にそのシステムを見たときには「アメリカは進んでいるな」と率直に感じました。

僕はこのビデオルームによく足を運びます。

打たれた球がどれくらいあまく入っていたのか、あるいは打者はどのような打ち方をしていたのかをチェックし、次の対戦に備えて対策を立てるのです。

情報をただ鵜呑みにしているだけでは、それはその人にとって本当の意味での「情報」とは言えません。

与えられた情報を自分の血とし、肉としなければ意味がないのです。

取捨選択した情報を理解し、対応策を考えたら、あとは感覚と体の動きに任せる。

それができてはじめて、その情報は「使える情報」となるのです。

2013年、僕はメジャー2年目のシーズンを迎えます。

対戦チームは僕のデータをそろえ、その対策をきっちりと練っていることでしょう。

実際に昨シーズンの終了間際には「あっ、自分もだいぶ研究されているな」ということを打者との対戦を通じて感じていました。

メジャーのバッターの対応能力は高く、データだけを鵜呑みにしていたら間違いなく返り討ちにされると思います。

僕は先発ピッチャーとして、並みいる強打者たちを相手に、1試合約100球のなかでいかに効率よく打ち取っていくかを考えなければいけません。

与えられた「データ」プラス、五感をとおした自分の経験。

このふたつのどちらに偏ることもなく、バランスよく、その都度対策を練っていきたいと思います。

情報を生かすも殺すも、結局は自分次第なのです。

第5章

使命感を持つことが、人を成長させる

「理に適っている」選手こそ超一流

メジャーでたくさんのバッターと対戦しましたが「もっとも印象に残っているのは?」と問われれば、僕はアメリカン・リーグ新人王に輝いたトラウトを挙げます。

昨シーズン、エンゼルスの外野手であるトラウトは首位打者こそ逃したものの、ア・リーグ2位の3割2分6厘の好打率を記録。

さらにホームラン30本、49盗塁で盗塁王も受賞し、ダルビッシュも候補に挙がっていたア・リーグ新人王に輝きました。

走攻守のバランスのよさと、圧倒的なパワーをこれほどまでに兼ね備えた選手を、僕は今まで見たことがありません。

バッティングではコースに逆らわず広角に打ちわける技術を持っているし、たとえ逆方向だとしても強い打球が打てます。塁に出ればその足でピッチャーを攪乱《かくらん》し、リーグトップの129得点も記録しました。

トラウトはスイングにしろ、走塁にしろ、その動きを見ていると無駄がなく、力みもありません。ピッチャーである僕から見てもとても参考になる、実に「理に適った」動きをしています。

僕にとって、「理に適った」という動きや考え方は、どんな場面でも、どんな状況でも、常に意識したいことのひとつです。

ア・リーグではトラウトのほかに、レンジャーズにいたハミルトンもとてもいいバッターとして印象に残っていますが、シーズンオフにハミルトンがレンジャーズからエンゼルスに移籍することが発表されました。

2013年、エンゼルスにはトラウト、プーホルス、そしてハミルトンの最強トリオが打線に名を連ねることになります。これはピッチャーにとって、脅威以外の何ものでもありません。

幸いにも僕は2012年のシーズン、トラウトもプーホルスも、ある程度抑えることに成功しました。

ですが、今シーズンはエンゼルスも僕のことをもっと研究してくると思います。きっと昨シーズンより厳しい戦いを迫られることになるはずです。

でも僕も、今の立ち位置にとどまっている気はありません。

トラウト、プーホルス、ハミルトンといったメジャー・リーグの素晴らしい選手たちとの対戦を通じて、僕も迷い、悩みながらさらに成長していくつもりです。

僕自身も、彼らのプレーを参考に「理に適った」動きを極めていきたいと思います。

目的に合った無駄のない野球人生を送れるように、常に考え続けていきたいものです。

ホンモノに触れることで、一歩先を創造することができる

メジャーリーガーとして新たな世界を体感し、さまざまなタイプの一流のピッチャーを間近に見ることで、僕はいろんな刺激を受けることができました。

シーズンの序盤、中継ぎとしてブルペンからゲームを眺めながら、自チームのピッチャーはもちろん、対戦相手のピッチャーからも多くのことを学ばせてもらいました。

しかし、「間近で見る」という部分においては、自チームの投手陣ほど近くで接することのできるピッチャーはいません。

マリナーズにはエースのヘルナンデスをはじめサウスポーのバーガスなど、一流と呼ばれるレベルのピッチャーも在籍しています。

僕は毎日彼らと接するなかで、なぜ彼らがメジャーの第一線で結果を残し続けられるのかを理解することができました。

ヘルナンデスは3〜4年前に比べれば球威は若干落ちたものの、それを補ってあまりある技術を持っています。

キレのあるチェンジアップとスライダーはあいかわらず一級品ですし、何より相手打者それぞれに対応した攻め方、ゲームのつくり方がうまいです。

2012年8月15日、タンパベイ・レイズ戦で彼が成し遂げた「マリナーズ初の完全試合」も、彼の実力からすればそれほど驚くに値しません（もちろん完全試合を現場で見ていたときは興奮しました）。それくらい、彼は偉大なピッチャーですし、これから先も彼からはいろんなことを学んでいきたいと思っています。

一方のバーガスは〝日本食好き〟ということもあって、グラウンド外でも多くを語り合ったチームメイトのひとりです。

彼のストレートはメジャーのピッチャーのなかでも決して速いほうではありません。というより、むしろ〝遅い〟部類に入るピッチャーだと思います。

彼の持ち味、ピッチングの生命線はボールの「キレ」と「コントロール」です。

100マイル（約160キロ）の剛速球を投げるピッチャーがごまんといるメジャーにあって、「遅い球でも抑えられる」ことを彼は身をもって僕に教えてくれました。

彼にはグラウンド外でも、食事をしているときなどにメジャーで生きていくためのいろんな助言をもらいました。

残念なことにバーガスは2012年オフにエンゼルスへの移籍が決定したため、これからは敵として戦うことになりますが、今まで同様、切磋琢磨しながらお互いに成長していければと思っています。


他球団の投手ではカンザスシティ・ロイヤルズに在籍するジェームス・シールズのピッチングがとても参考になりました。

シールズは、2007年から6年連続二桁勝利という素晴らしい結果を残している超一流のピッチャーです。

彼は多彩な変化球を操るうえに制球力が抜群で四球も少なく、常に低めをていねいに突いていくそのピッチングは非常に参考になります。


ここでは、あえて印象に残った選手たちの名前を挙げさせてもらいましたが、メジャー1年目の僕にとっては、見るものすべてが勉強になったのは言うまでもありません。

日本にいた頃にテレビで見た「メジャー・リーグの野球」は、僕の目にはやや大雑把というか、単なる「力と力の勝負」に映っていました。

ところがいざメジャーのマウンドに立ってみると、自分の印象がいかに間違ったものだったかを実感しました。

たしかに、力任せにバットをブンブン振ってくるだけの選手もいます。しかし一流と呼ばれる選手たちのバッティングは巧みで、勝負の駆け引きにも長けていました。

開幕当初は際どいコースを攻めたにもかかわらず、簡単に弾き返されてしまうことが何度もありました。

本来であれば打たれたのですから、悔しさが込みあげてくるはずです。

しかし、あまりにもそのバッティングが見事だったため、「あの球を打つのか。すごいな」と、悔しさを通り越して感心してしまうこともしばしばありました。

メジャー野球のベースにあるのは間違いなく「力と力の真っ向勝負」です。でも、だからといって力だけでは相手を打ち砕くことも、封じることも決してできないのです。

メジャーには僕の求めていた野球がありました。メジャーの〝ホンモノ〟に触発され、僕のピッチングの幅は日本にいた頃よりも確実に広がっています。

次なるステージも僕にとっては険しいものになるはずです。

でもそのすべてが僕を成長させてくれるものであることは間違いありません。立ち向かう情熱がある限り、僕はメジャーで戦い続けていきます。

ときに感動は、敵味方を魅了する

見るものすべてが新鮮だったメジャー1年目を振り返ってみると、毎日が感動の連続でした。

なかでも一番感動したのは、やはり先に述べたヘルナンデスが8月15日のレイズ戦で成し遂げたパーフェクト・ゲーム（完全試合）です。

実はこの試合の2ヵ月ほど前、マリナーズはロサンゼルス・ドジャース戦において6投手の継投（先発のミルウッドから最後のトム・ウィルヘルムセンまで）によるノーヒット・ノーランを達成しています。

そのときもセーフコ・フィールドは大いに盛りあがりましたが、ヘルナンデスの完全試合は6月の「継投ノーヒット・ノーラン」とは比べものにならないくらいの、まるで優勝したかのようなお祭り騒ぎとなりました。

ヘルナンデスが成し遂げたこの偉業は、マリナーズの球団史上初、130年以上の歴史を誇るメジャー史上においてもそれまでに22回しか達成されていない、まさに歴史に残る快挙です。

僕はそれまで、完全試合を自分でしたこともなければ、誰かが成し遂げるのを見たこともありませんでした。

実は開幕直後の4月、マリナーズはホワイトソックスのフィリップ・ハンバーに完全試合をされています。

今まで一度も見たことがなかった完全試合を、1シーズンに二度も間近で見ることになるとは思いもしませんでした。

チームメイトであるヘルナンデスが偉業を達成したときは、僕も自分のことのように嬉しく感じました。

あの試合、僕は中継ぎとしてほかのセットアッパー、クローザーとともにブルペンに待機していました。

スコアボードには「0」が並び、6回、7回とイニングが進むにつれ、球場全体がいつものにぎやかさとはちょっと違う、期待と緊張が入りまじったような妙なざわめきに包まれていきました。

あとでほかの選手から聞いた話では、ベンチ内の会話も徐々に少なくなり、野手たちも気をつかってヘルナンデスに話しかけなくなったと言います。

もちろん、ブルペンでも誰も投球練習をしようとはしません。それどころか、ちょっと立ちあがったり、動こうとするだけで、ほかの選手から「セイム・シート」と制されます。「セイム・シート」を意訳すれば、「この場の空気、今の流れを乱すな」ということなのですが、それくらいピンと張りつめた空気が球場全体を覆っていました。

最終回は、球場全体の緊張感もピークに達していたように思います。

選手も観客もみな祈るような気持ちで、ヘルナンデスのピッチングを見つめていました。

そして最後のバッターを三振に仕留めた瞬間、選手たちはマウンドに駆け寄り、スタンドは大歓声に包まれました。マリナーズのファンもレイズのファンも総立ちでヘルナンデスの偉業を称えたのです。

マウンドでチームメイトから祝福を受けるヘルナンデスは本当に嬉しそうでしたし、ほかの選手たちもまるで自分のことのように喜んでいたのがとても印象的でした。

完全試合の次の試合となるツインズ戦は僕が先発を務め、7回4安打1失点で4勝目を挙げました。

僕はこの試合で4回まで相手打線をパーフェクトに抑えていました。あとで知ったことですが、ヘルナンデスが前日に達成した9イニングと、その前の試合の最終回の1イニング、さらに僕の4イニングを合わせ、打者42人連続アウトは球団の新記録であり、メジャー史上では1974年以降の最長記録となったそうです。

ツインズ戦にそんな記録がかかっていたことはまったく知らなかったですし、4回までパーフェクトに抑えたからといって、完全試合やノーヒット・ノーランを狙っていたわけではありません。いつもどおりに、「試合をつくる」ことだけを考えマウンドに上がっていただけです。

しかし、前の試合でヘルナンデスが与えてくれた感動が、この日の僕のピッチングの力になったことは事実です。

大いなる感動は敵、味方関係なくすべての人を魅了し、それぞれの活力になります。ひとりでも多くの人に感動を与えることが僕らの役目なのだとすれば、ヘルナンデスはその手本を示してくれました。

いつかは自分も完全試合をしてみたいという気持ちはあります。でも今の僕には、それが「目標」ではありません。

僕はアメリカのファンだけでなく、日本のファンにも感動を与え、みんなを勇気づけられるようなピッチングをしていきたいです。

メジャー2年目のシーズンを迎え、それこそが、僕の使命だと思っています。

「誰かのために」という使命感を大切にする

楽天イーグルスへの移籍を機に、僕は自宅を仙台に移しました。以来、マリナーズに移籍してからも日本の拠点は仙台です。

僕も家族も仙台をとても気に入っています。

海や山といった自然にめぐまれ、食べ物はおいしいし、温泉もすぐ近くにあります。

仙台の市街地に行けばたいていのものはそろいますし、東京へも、新幹線を使えばすぐです。仙台に暮らす人たちの人柄もとてもよく、とにかく暮らしやすいのです。

これほど居心地のいい場所も、そうそうないだろうと思っています。

なんとも言えない温かな空気が、僕と家族を包んでくれています。

実はシアトルの街並み、環境は仙台にとてもよく似ています。

港町で食べ物がおいしく、自然が豊か。気候もなんとなく仙台に似ていて、メジャーの移籍先を最終的にマリナーズに絞ったのは、シアトルの住環境のよさも、その理由のひとつでした。

ホームの心地よさは、疲れた心と体を癒してくれます。自分が心から落ち着くことができる、〝帰れる場所〟の存在は、明日への活力となるのです。

僕は、「オン・オフ」のスイッチが自然と切り替わる、そんな心がホッとする空間をとても大切にしています。

アスレチックスとの移籍交渉が破談になった直後の2011年3月、東北地方は東日本大震災に襲われました。

今でこそ仙台の市街地はかつての姿と活気を取り戻しつつありますが、沿岸部はまだまだ復興にはほど遠い状態です。

2012年春、マリナーズとアスレチックスの開幕戦が日本で行われ、メジャー移籍1年目の僕はマリナーズの一員として〝凱旋〟することができました。

そのとき、被災地の人たちの何か力になれればと思い、マリナーズとアスレチックスの選手による野球教室をオープン戦の合間を縫って石巻市で行いました。

震災から1年経っているものの、石巻市内は震災の爪痕が大きく残ったままでした。

石巻市を実際に訪れ、僕は失ったものの大きさと、自然の力の偉大さをあらためて思い知ることになりました。そして、東北地方への支援をもっと積極的に行っていこうと心に決めたのです。

僕の大好きな街である仙台、第二の故郷である仙台、そして東日本大震災によって被災した方々への支援はこれからも継続していくつもりです。

みんなと一緒に闘っていくんだという使命感を胸に、ひとりの野球選手としてできることに取り組んでいきたいと思っています。

それが、僕が東北の人たちにできる恩返しだと思っています。

無垢な頑張りが、勇気をくれる

僕は、妻と9歳の長女、3歳の長男、1歳の次女の5人家族です。マリナーズへの移籍に際しては家族みんながアメリカへ行くことを気持ちよく了承してくれました。

きっと妻や長女は、ポスティングシステムを利用したアスレチックスとの交渉が破談となってから、「いつかパパはアメリカに行くことになる」と心構えができていたと思います。長女は「アメリカに行ってみたい」とも言ってくれ、家族みんなでのアメリカ移住をあと押ししてくれました。僕はそんな家族の気持ちがとてもありがたく、また嬉しく感じました。

長女は日本人学校ではなく、シアトルの公立小学校に通っています。

クラスにいる日本人は長女ひとり。学校全体でも日本人は3〜4人くらいしかいません。

渡米から約1年。長女の英会話能力はすでに僕を超えています。実際に長女は渡米前から英会話を習っていたのですが、それにしても子どもの順応力の高さにはあらためて感心するばかりです。

アメリカの学校に通いはじめたばかりの頃は、長女も相当とまどったはずです。異国の地で言葉も通じない、友達もいない、そんな状況では学校に行きたくなくなるのも当然なのに、彼女は「学校に行きたくない」とは決して言いませんでした。

それどころか、僕が学校の様子を尋ねると彼女は「学校は楽しい」と言います。

僕もメジャー・リーグという新たな環境で四苦八苦していただけに、彼女の言葉はとても嬉しかったし、僕を奮い立たせてくれました。


3歳の長男は幼稚園のようなフリースクールに通い、英語を勉強しています。そこは日本人の子どもたちも多く、日本にいた頃とそれほど変わらない感覚でスクールに通えているようです。

そのスクールにはアメリカ人の先生と日本人の先生がひとりずついて、子どもたちに英語を教えてくれています。

当初、長男は「みんな、何を言っているのかわからない」「英語は嫌い」と言っていたのですが、今ではそれなりに英語が理解できるようになっています。

妻が「3歳では、よくしゃべれるほうだと思うわよ」と言っていたので、子どもというのはつくづく順応力があるのだと感心しています。

子どもの順応力、吸収力には驚くばかりですが、アメリカで大きな問題もなく家族が過ごせているのはひとえに妻のお陰です。

エージェントやマネージメントのサポートはありがたく、困ったときなどには助けていただいていますが、基本的な生活を送るうえでの環境は、当然自分たちで整えなければなりません。

しかも僕はスプリングキャンプからシーズンに突入すると、ほとんど家にいません。3人の子どもとともにシアトルにポツンと残され、妻も最初は相当苦労したはずです。

でも彼女は愚痴などこぼしたことがないですし、不平、不満も口にしません。僕には一切苦労している部分は見せずに家具や生活必需品をそろえ、子どもたちを学校に通わせ、家庭を守ってくれていました。

シアトルに住んでいる日本人の方は多いので、生活にも慣れ、ネットワークが広がってくると自然に妻の友達も増えてきたようです。

妻や子どもたちは苦労しながらも頑張り、シアトルでの生活を自分の力で楽しいものへと変えていったと言えます。

「家族もみんな頑張っている」

そのことが僕を勇気づけてくれました。

大切な人の頑張りを見ることで、自分自身もその人のために頑張ろうと思えることは、目に見えない大きな力を与えてくれます。

そもそも、家族をアメリカに連れてきたのはこの僕です。その僕がちょっとやそっとのことで、へこたれているわけにはいかないのです。

子どもたちの無垢な頑張り。

妻の献身的な姿勢。

家族の想いが、まぎれもなく僕に勇気と、より大きな使命感を与えてくれたのです。

大きな成功を求めない。小さな責任を果たすことからはじめる

僕は元々、弱音や愚痴をあまり言わない人間ですが、妻にだけはたまに弱音を吐いてしまうことがあります。

妻は僕が弱音を言っても、その会話を悲観的な方向には持っていきません。

たとえば僕が試合に負けて落ち込んでいるときに、ちょっと弱音を吐いたりすると、妻は「今までこれだけ勝ってきたんだから、ちょっとくらい負けてもいいじゃない」と返してくれます。一事が万事、返ってくる言葉はこんな感じです。

妻はそうやって気持ちを切り替えられるような言葉を投げかけてくれるので、僕もついつい妻に弱音を吐いてしまうのだと思います。

不安を感じているときなどに、あえて強がりを言って自分を鼓舞する人もいると思いますが、僕はそのような手法を取ることはあまりありません。

基本的には、不安を解消するために、ひとつひとつの行動に力を注いでいきます。

不安を見つめ、そこでじっとしてしまうから怖くなったり、心配になったりしてしまうのであって、ひとつひとつと向き合い、やるべきことをやっていれば、不安はおのずと小さくなっていくものなのです。


プロ野球の世界は、結果がすべての厳しい世界です。

でもそこで失敗を恐れていては前に進めません。

マリナーズで中継ぎという役割についたばかりの頃は、僕も大きな不安を抱えていました。

前に進もうと思っているのに、なかなか一歩を踏み出せないような時期もたしかにありました。

でも僕はじっとしている自分がとても嫌で「こんなのは自分じゃない」と切り替えました。

そこから「失敗したってしょうがない。ダメで元々」の精神で頑張ることができたのです。

「ダメもと精神」で不安を吹っ切ることができたのは、日本で培った「自信」があったからです。

「これまで自分がやってきたことは間違っていない」という自信。

それが、僕に次の一歩を踏み出す勇気をくれました。

練習でやってきたこと以上のものは試合では出せません。

実戦の場でいきなり難しいことをしようとしたり、いつも以上の力を出そうとしたりしても無理なのはわかり切っています。

不安を払拭してくれる唯一の薬は「自信」であり、その自信は小さな成功の積み重ねによってもたらされるのです。

大きな成功を求めると、ミスをしたときの衝撃も比例して大きくなります。

あまりに大きな成功を求めすぎると、ミスをしたときの衝撃で立ち直れなくなってしまうことだってあるかもしれません。

人間は失敗して当たり前なのですから、高望みをせず、目の前の小さな目標をひとつひとつクリアするようにすればミスの代償も小さくてすみますし、新たな一歩も踏み出しやすくなります。

そして、それこそが大きな成功への近道でもあります。

等身大の自分に返り、目の前のやるべきことをひとつずつこなしていく。

そうすることの積み重ねが自信となり、その自信が自分を窮地から救ってくれることにもなるのです。

「紳士でいること」が人生の価値をつくる

「一期一会」

これは僕がとても好きな言葉です。

人生に無駄な出会いはひとつもない。どんな相手であれ、その人は自分にとって、人生にとって大切な何かを教えてくれる。

東日本大震災のあと、被災者の方々とふれあう機会が度々ありました。

僕はその度に、「一期一会」の大切さを知り、「この人たちがこんなに頑張っているのに、僕がくじけるわけにはいかない」と自分を鼓舞してきました。

アメリカに渡った今、僕は異国の人々と交流するなかでいろんなことを学ばせてもらっています。

アメリカを知ることで、日本のよさ、日本人のよさにあらためて気づくこともありますし、その逆で「これは日本とは違った考え方だな」と感心するようなこともたくさんあります。

アメリカに来て一番感心したのは、人々の「マナーのよさ」です。

僕が接してきたアメリカの方はみんな明るくオープンで、マナーがとてもいいという印象があります。

子どもたちに席を譲ってくれたり、女性には必ずドアを開けてくれたり。一見、怖そうなお兄さんも、ニコッとスマイルを浮かべ気遣ってくれます。

アメリカの人たちは、小さい頃から大人のそういった姿勢を見ているので、〝マナー〟というものが体に染み込んでいるのだと思います。

一般に日本人の特徴として、「気遣い」「思いやり」といったことが挙げられますが、そういった面は、アメリカ人にも素晴らしいものがあり、日々小さな感動をもたらしてくれます。

「紳士的な対応」に毎日ふれあうことで、自分自身の意識も変わっていきましたし、ささいなことの積み重ねによって、人生が豊かになることを実感できました。

「紳士でいること」は日本にいる限り、あらためて考えることはできなかったでしょうし、アメリカに来て学んだ、大切な意識です。

自分が果たすべきこととして、しっかりと胸に刻むことができました。

アメリカでは、僕も家族も、地元であるシアトルの人たちにとてもよくしてもらっています。

マリナーズに入団しなければ、会うことのなかった人たちとの交流を通じ、「一期一会」の素晴らしさを日々実感しています。

マナーの素晴らしい「紳士の国」で育った僕の子どもたちが、何を感じとって今後どんなふうに育っていくのかも、とても楽しみです。

あえて「二兎を追うこと」で、自分の適性を見極めればいい

日本のプロ野球でも、甲子園と東京ドームで応援の仕方、ファンの声援の送り方などが異なるように、メジャー・リーグでもそれぞれの球場で地域性を感じることができます。

ア・リーグではレンジャーズの応援がとにかく熱いです。

そのほかにもヤンキースやボストン・レッドソックスはブーイングなどが厳しく、プロ選手らしからぬプレーをすれば、シビアなヤジは自チームの選手にも向けられることになります。

その一方で、僕たちを応援してくれるマリナーズのファンはどうかといえば、テキサスやニューヨークと比べるとやや大人しい感じがします。

そんなわけで僕は「シアトルの人たちが物静かなのは地域性かな」と思っていたのですが、シーズン終了後、その考えは間違っていることに気づかされました。

シーズンオフに知人の誘いで、ナショナル・フットボール・リーグ（NFL）のチーム

「シアトル・シーホークス」の試合を見にいく機会がありました。

シーホークスの本拠地である「センチュリーリンク・フィールド」は6万7000人を収容できる巨大なスタジアムで、場内はゲーム前からものすごい熱気に包まれていました。ゲームがはじまってからは観客の声援があまりにも大きいため、隣の人とすら会話ができないぐらいです。

アメフトは野球と違い、レギュラーシーズンの試合数が16試合と限られています。だからこそ観客も1試合にかける熱意が高まるのだろうと思います。


アメリカではアメリカンフットボール（NFL）、ベースボール（MLB）、バスケット（NBA）、アイスホッケー（NHL）、この4つの競技が〝四大メジャースポーツ〟として君臨しています。

この4つの競技が共存共栄してくることができたのは、野球が4月から10月、バスケットとアイスホッケーが10月から4月、アメフトが9月から2月と、メインシーズンがうまいことわけられていることが挙げられます。

シーズンが異なるのでファンも1年を通じてスポーツ観戦を楽しむことができます。

さらにスポーツをする子どもたちは夏は野球、冬はアメフトといった具合に異なる競技をプレーすることもできるのです。

日本では、子どもたちにひとつのスポーツを集中してやらせる習慣がありますが、アメリカでは高校生くらいまでは異なる競技を掛け持ちでするのが当たり前です。

競技を限定しないので、子どもたちが「自分に何が一番合っているのか」を長い時間をかけて探すことができます。

複数の競技をプレーするのは、子どもの身体能力をより高めるためにも、とてもいいことだと思います。

競技によって使う筋肉が異なるのでバランスの取れた体をつくることができ、なおかつそれぞれのスポーツの動きを学ぶことで、柔軟なフットワークを身につけることもできます。

ご存じの方も多いと思いますが、アメリカでは身体能力の優れた選手がMLBとNFL、両方のドラフトにかかることも決して珍しくありません。それくらいアメリカでは、異なる競技を並行して行うのは当たり前のことなのです。

ふたつのスポーツを同時進行でさせるのは、子どもの可能性を広げるためにもとてもよい教育法だと思います。

日本ではひとつの道を極めていくことが正しいとされ、そのような風潮、教育が長く続いてきていますので、いきなりアメリカのようなやり方に変えるのは難しいかもしれません。「二兎を追う者は一兎をも得ず」という考え方は日本のみならず、欧米にもあるようですが、「物事を並行してやらせる教育」という面に関しては日本よりも欧米のほうが寛容だと思います。

もし僕の子どもたちがふたつ、3つのスポーツを同時にやりたいと言ったら、僕は全力でそれをサポートします。僕がプロの野球選手だからといって、野球を無理にやらせるつもりもまったくありません。

自分のやりたいことを自由にやり、そのなかで自分の「適性」というものを見定めていってくれればいいのです。そして、将来的にその道で使命感や責任感を持ってくれれば、こんなに嬉しいことはありません。

これからも、アメリカの文化に触れながら見習うべき点は見習い、子どもと一緒に僕も成長していきたいと思います。

そしていつか、その蓄積したものを日本に恩返しできればと思っています。

未知なる刺激がモチベーションをくすぐる

1年間メジャーリーガーとして各地を転戦するなかで、僕はアメリカのスタジアムの多様さに驚かされました。

日本はきれいな扇形をしたグラウンドが主流ですが、アメリカではいびつな形をした球場も決して珍しくありません。

レッドソックスの本拠地であるフェンウェイ・パークは、左翼までの距離が94・5メートルしかなく、容易にホームランが出るのを防ぐため、高さ11・3メートルの巨大なフェンス（通称：グリーン・モンスター）が設けられているのは有名です。

僕はプレーしたことがありませんが、2008年で姿を消した旧ヤンキー・スタジアムも左右非対称の個性的な球場として有名でした。

狭い球場もあれば広い球場もあり、打球が飛ぶ球場もあれば、飛ばない球場もあります。

マリナーズの投手陣のなかには、「あの球場で投げるのは嫌だ」と特定の球場に苦手意識を持っている選手もいますが、僕は日本時代から球場の好き嫌いというものがあまりなく、アメリカに来てからも、それぞれの球場の雰囲気を楽しんでいるというのが正直なところです。どの球場も僕にとってははじめて足を踏み入れる未知の世界であり、きれいに整備された天然芝のグラウンドだけでなく、球場ごとに大きく異なる観客席のつくりも、それぞれに個性があって印象的でした。

試合前にグラウンドでキャッチボールをしていて「あれ、この球場はほかとちょっと違うな」と感じたのは、コロラド・ロッキーズの本拠地であるクアーズ・フィールドでした。

クアーズ・フィールドは、球場が標高1600メートルの場所に位置しているため気圧が低く空気抵抗がなくなり「ボールがよく飛ぶ球場」として日本のファンにもおなじみだと思います。

実際に僕もキャッチボールをしてみて、直球を投げるととてもよく伸びるのですが、変化球がさっぱり曲がらないことに気づきました。

「この球場で投げたらちょっと厄介だな」と感じましたが、幸い1年目のシーズンに僕は投げることはありませんでした。

今シーズン以降は、クアーズ・フィールドでの登板も十分に考えられるので、そのときは実際にマウンドで投げながら修正していきたいと思っています。

メジャーのスタジアムで実際にプレーしてみて、観客の応援の仕方、反応なども僕にとってはとても新鮮でした。

アメリカでは、日本のような鳴り物の応援がありません。その分、打球音や捕球音がダイレクトに聞こえ、臨場感にあふれています。

日本の鳴り物による熱い応援も伝統的な風情があっていいと思います。

しかし、選手も観客もグラウンドの白球に集中できるアメリカの雰囲気が僕はとても好きです。

バットがボールを弾いたとき、乾いた打球音が球場に響き渡る。

観客はひとつひとつのプレーに酔いしれ、いいプレーが出れば相手チームであろうとも褒め称え、悪いプレーが出れば自チームでも容赦なくブーイングを浴びせる。

そんなふうに、反応がダイレクトに返ってくる環境が、自分にすごく合っていると感じました。

また、グラウンド外で新鮮だったことといえば、ロッカールームのにぎやかな雰囲気です。

日本では基本的にマスコミがロッカールームに入ることはありませんが、アメリカはほぼフリーの状態となっており、いろんな人が出入りしていて、とてもにぎやかなのです。

当初、このロッカールームの雰囲気には違和感がありましたが、メジャーで1シーズン過ごしているうちにすっかり慣れてしまいました。

このように、メジャー1年目はプレー以外の面でも、目にするものすべてが新鮮で、日々新たな発見の連続でした。そして、その発見のひとつひとつが、僕にとって刺激になり貴重な財産へと変わっていきました。

メジャー2年目も、プレー面はもちろん、それ以外の面においても、アメリカのベースボールがいろんな刺激を与えてくれると思います。

僕はそんな新たな刺激をモチベーションに変え、責任感と使命感を持って、毎日野球を楽しみたいと思います。

そして、メジャーリーガーとしてだけでなく、ひとりの人間として大きく成長していくことができれば、こんなに幸せなことはありません。

あとがき

失敗は人生の〝先生〟のようなもの

マリナーズへの移籍が決まり、僕ら家族は生活の拠点をシアトルに移しました。

引っ越したばかりの頃は、めまぐるしい環境の変化にとまどうことばかりでした。

読者のみなさんのなかにも、住まいが変わったり、会社が変わったり、あるいは学生から社会人になったりと、環境の変化にとまどったことのある人は多いと思います。

なかには「今、まさにその状況です」という人もいるかもしれません。

また、これからそういった局面にぶつかる人もいるでしょう。


本書で繰り返し述べてきましたが、環境の変化に対応するには、まず何よりもその変化に飛び込んでしまうことです。

飛び込んでその流れに乗りながら、自分のなすべきこと、目標を見つけ、そこに向かって進んでいくのです。

環境が変化すれば誰でも最初はとまどいます。

でもどこかで心を落ち着け、「これも自分を成長させてくれるひとつのステップなんだ」と思うことがとても大切なのではないでしょうか。

環境の変化を克服すれば、それはその人にとっての経験値となります。そういった経験の積み重ねが、人を成長させてくれるのです。


環境の変化でなくとも、人生を歩み続けていれば、困難や壁といったなんらかの障害が必ず目の前にあらわれます。

僕のプロ野球人生も、困難や壁の連続でした。

もちろんメジャーにいる今も、多くの難関が目の前に立ちはだかっています。

僕はどんな困難を前にしても、自分を信じて一歩一歩、歩みを進めてきました。

なぜなら、どんな壁にぶち当たったとしても、前に進まなければそこで終わってしまうからです。

失敗を恐れる気持ちは誰にもあります。でも、仮に失敗したとしてもその経験は必ずその後の人生に活きてきます。「あのときの失敗があったから、今の自分がある」と思える日が絶対にやってきます。

だからそれを信じて、苦しい時期が長く続いても決してあきらめてはいけない。

「明けない夜はない」のです。

僕はいろんな失敗を繰り返してきたから、メジャーの舞台で投げることができました。

失敗のひとつひとつが僕をプロ野球選手として、そしてひとりの人間として成長させてくれたのです。

これから先も、今までと同じように僕の目の前にはさまざまな障害があらわれるはずです。

でも僕はどんな困難に直面しても怯むことなく、歩き続けるつもりです。

失敗は人生の〝先生〟のようなものです。

失敗から何かを学ぼうという姿勢がある限り、失敗を恐れる必要はまったくないのです。

２０１３年３月吉日　　　　岩隈久志

2013年1月 都内にて

シーズン成績表

月・日	相手	登板	勝敗	投球回		安打	三振	四死球	失点	自責点
7・2	H オリオールズ	先発		5		3	4	3	3	3
15	H レンジャーズ	先発	●	5		7	0	3	4	4
20	レイズ	先発		6		6	7	1	2	2
25	H ヤンキース	先発		5		6	3	3	1	1
30	H ブルージェイズ	先発	○	8		4	13	3	1	1
8・5	ヤンキース	先発	●	5		7	4	3	4	3
11	エンゼルス	先発	○	7	0/3	6	4	1	3	3
17	H ツインズ	先発	○	7		4	6	1	1	0
22	H インディアンス	先発		5	2/3	6	5	3	1	1
28	ツインズ	先発	○	6		1	4	5	1	0
9・2	H エンゼルス	先発	○	7	1/3	5	7	0	0	0
8	H アスレチックス	先発	●	3	2/3	6	3	2	5	4
14	レンジャーズ	先発	●	5	1/3	7	4	1	2	2
21	H レンジャーズ	先発	○	7		8	4	0	3	3
27	エンゼルス	先発	○	6		7	3	0	2	1
10・2	H エンゼルス	先発	○	6		6	7	1	0	0
先発16試合8勝4敗 防2.65				95		89	78	30	33	28
通算30試合9勝5敗2S 防3.16				125	1/3	117	101	46	49	44

※7月2日から10月2日は、「先発」登板

岩隈久志 2012

月・日	相手	登板	勝敗	投球回		安打	三振	四死球	失点	自責点
4・20	H Wソックス	救援		4		1	2	1	1	1
28	ブルージェイズ	救援		1		3	2	1	4	4
5/7	H タイガース	救援		3		3	5	0	1	1
16	インディアンス	救援		4		3	4	3	1	1
30	レンジャーズ	救援	S	3		5	0	2	3	3
6・2	Wソックス	救援	S	1		0	1	1	0	0
5	エンゼルス	救援		3		1	1	1	0	0
9	H ドジャース	救援		1	1/3	2	1	0	1	1
10	H ドジャース	救援		2	1/3	1	2	3	0	0
14	H パドレス	救援			0/3	1	0	0	0	0
16	H ジャイアンツ	救援	○	2		0	2	1	0	0
19	Dバックス	救援			2/3	5	0	1	3	3
20	Dバックス	救援		1	1/3	2	0	0	1	1
27	H アスレチックス	救援	●	3	2/3	1	3	2	1	1
救援14試合1勝1敗2S 防4.75				30	1/3	28	23	16	16	16

※Hはホームゲーム
※4月20日から6月27日は、「救援(中継ぎ)」登板

岩隈久志 Hisashi Iwakuma

1981年4月12日生まれ、東京都出身。
堀越高校から2000年、ドラフト5位で大阪近鉄バファローズ（当時）に入団。
2001年、1軍初登板を果たし、チームのリーグ優勝に貢献する。
2003年から2年連続で15勝を挙げ、2004年は最多勝、最優秀投手（最高勝率）、
ベストナインのタイトルを獲得。アテネ五輪日本代表にも選出される。
同年オフに、東北楽天ゴールデンイーグルスに移籍。
2008年は、21勝、防御率1.87の成績で、最多勝、最優秀防御率、
最優秀投手の「投手三冠」に輝き、沢村賞を受賞。
2009年には、第2回WBC（ワールド・ベースボール・クラシック）
日本代表に選出され、2連覇に貢献。
2012年、メジャーリーグベースボール、シアトル・マリナーズに移籍。
多くの社会貢献活動にも熱心に取り組み、
2012年度シーズンは1勝につき、
10万円をボランティア団体・ハビタットフレンズ仙台に寄付する。
この寄付金は「子どもの夢ネットワーク」という宮城県の団体に届けられ、
東日本大震災で両親を亡くした子どもたちの支援に使われた。
そのほかにも、2008年にスマトラ島沖大地震被災地のタイ国に
図書館「Peaceful World 21」を建設、
2010年にはアフリカエイズ孤児支援として
「命の水プロジェクト」飲料用貯水タンクを建設するなど、
多岐にわたり活動している。
右投げ右打ち。190センチ。AB型。

オフィシャルブログ
http://ameblo.jp/hisashi-iwakuma/

オフィシャルFacebookページ
https://www.facebook.com/hisashiiwakumaofficial

構成：萩原 晴一郎
ブックデザイン：lil.inc（ロータス・イメージ・ラボラトリー）
写真：京介（P17、203）
ゲッティイメージズ/Ronald Martinez（カバー）
校正：西進社
プロデュース：内田康貴（ビークリエイティブエージェンシー）
協力：株式会社ビークリエイティブエージェンシー
編集：岩尾雅彦（ワニブックス）

※各選手の所属チーム名は、一部省略させていただきました。
※一部敬称を省略させていただきました。
※所属チーム名などのデータは、2013年4月10日現在までのものです。

未来を切り拓く50の視点
感情をコントロールする技術
著者 岩隈久志

2013年 5月1日 初版発行
2013年12月1日 2版発行

発行者 横内正昭
編集人 青柳有紀
発行所 株式会社ワニブックス
〒150-8482
東京都渋谷区恵比寿4-4-9 えびす大黒ビル
電話 03-5449-2711（代表）
03-5449-2716（編集）
ワニブックスHP http://www.wani.co.jp/

印刷所 株式会社光邦
製本所 ナショナル製本

ISBN 978-4-8470-9148-3